高职高专土建类立体化系列教材

工程招投标与合同管理

主　编　李　峰
副主编　赵月琴
参　编　任玲华　钟隆南　周培娇
主　审　杨秋鸣

机械工业出版社

本教材是工程造价专业核心课程配套教材，根据工程造价专业群及工程造价专业人才培养方案编写，介绍了工程招投标与合同管理的相关内容。全书共6个单元、1个附件，内容包括建设工程市场与工程承发包、建设工程项目招标投标、合同的法律基础、建设工程施工合同的签订与履行、建设工程索赔管理和建设工程纠纷的处理。每个单元正文之前，设有单元导读、学习目标、课程思政、学习任务等栏目，供读者参阅；正文之中，适时穿插导学案例、知识链接、应用案例、特别提示等，引导学生自学与研讨；正文之后，附有思考与讨论及自测题，可以有效帮助读者提升学习效果；最后附有课程实训任务书与指导书，指导学生实践实战。

本书可作为高等职业技术学院、高等专科学校、成人高校等土建类专业的教学用书，也可作为相关工程技术人员、施工管理人员的参考用书。

图书在版编目（CIP）数据

工程招投标与合同管理 / 李峰主编. -- 北京：机械工业出版社，2024.10. -- (高职高专土建类立体化系列教材). -- ISBN 978-7-111-76539-4

Ⅰ. TU723

中国国家版本馆 CIP 数据核字第 2024PS0267 号

机械工业出版社（北京市百万庄大街22号　邮政编码100037）
策划编辑：张荣荣　　　　　责任编辑：张荣荣　关正美
责任校对：梁　园　张　薇　封面设计：张　静
责任印制：郜　敏
北京富资园科技发展有限公司印刷
2024年12月第1版第1次印刷
184mm×260mm・11.5印张・279千字
标准书号：ISBN 978-7-111-76539-4
定价：45.00元

电话服务　　　　　　　　网络服务
客服电话：010-88361066　机　工　官　网：www.cmpbook.com
　　　　　010-88379833　机　工　官　博：weibo.com/cmp1952
　　　　　010-68326294　金　书　网：www.golden-book.com
封底无防伪标均为盗版　机工教育服务网：www.cmpedu.com

前 言

本教材根据工程造价专业群及工程造价专业人才培养方案编写，参阅了高等职业学校工程造价专业教学标准的要求。本教材主要是为了满足工程造价专业的教学需要，也能适应其他相关专业教学及岗位培训等的需要，尤其是读者的自主学习需求。

"工程招投标与合同管理"是工程造价专业的一门核心课程、特色课程，本书主要介绍了建设工程市场与工程承发包、建设工程项目招标投标、合同的法律基础、建设工程施工合同的签订与履行、建设工程索赔管理和建设工程纠纷的处理等内容。

本教材主要特色如下：

（1）综合新形态立体化教材+现代职业教育理念，以能力培养、便于学生自主学习为基本出发点，融合课程思政、产教融合等课程建设基本要求，充分利用现代信息技术。

（2）校企合作、产教融合，确保教材的先进性、开放性、实用性。本教材充分发挥合作企业南越建设管理有限公司作用，由公司提供实际素材与案例，编写完成后再由公司把关，并用于新员工培训，在此基础上提出修改意见，进行修改完善。

（3）"新""活"特色明显：①及时应用新法律法规、新规定、新规范、新标准等更新教学内容。②及时应用更加鲜活、热门的案例更新、拓展教学内容，尤其是课程思政素材与案例，及时更新应用热点与时事。③灵活应用于"教师"和"学生"。④灵活采用"互联网+"创新线上线下教学方法。⑤教材适当"留白"，帮助学生做学习笔记。⑥配备课堂实训任务书与指导书，便于理实一体化教学。

本教材由浙江建设职业技术学院李峰教授统稿并担任主编，山西工程科技职业大学赵月琴副教授担任副主编，由山西工程科技职业大学杨秋鸣教授担任主审。单元一、单元三和课程实训任务书与指导书由李峰编写，单元六由赵月琴编写，单元四由南越建设管理有限公司钟隆南高级工程师编写，单元五由浙江建设职业技术学院任玲华副教授编写，单元二由浙江建设职业技术学院周培娇讲师编写。

在本书编写工作中，得到了有关方面的大力支持和帮助，南越建设管理有限公司全程给予了全方位支持，上海邦信阳中建中汇（杭州）律师事务所彭根堂律师给予了悉心指导，在此一并表示感谢。

由于水平、时间有限，书中定有不少欠妥之处，恳请广大读者批评指正。

编　者

目录

前言
单元一　建设工程市场与工程承发包 …… 1
1.1　建设工程市场的概念及主要特点 …… 2
1.2　建设工程市场的主体与客体 …… 3
1.3　建设工程交易中心 …… 5
1.4　建设工程相关法律法规概述 …… 6

单元二　建设工程项目招标投标 …… 10
2.1　建设工程项目招标投标概述 …… 11
2.2　招标方的主要工作 …… 19
2.3　投标方的主要工作 …… 26

单元三　合同的法律基础 …… 37
3.1　合同概述 …… 38
3.2　合同的订立与效力 …… 47
3.3　合同的履行与担保 …… 54
3.4　合同的变更、转让与终止 …… 59
3.5　合同的违约责任 …… 62

单元四　建设工程施工合同的签订与履行 …… 70
4.1　建设工程合同概述 …… 72
4.2　《建设工程施工合同（示范文本）》与合同签订 …… 75
4.3　合同履行与合同管理概述 …… 77
4.4　工程签证与工程变更 …… 78
4.5　分包合同管理 …… 81

单元五　建设工程索赔管理 …… 90
5.1　建设工程索赔的概念及特征 …… 91
5.2　建设工程索赔的分类及原因 …… 92
5.3　建设工程索赔的程序与证据 …… 96
5.4　建设工程索赔计算 …… 97
5.5　建设工程索赔报告的编制及注意事项 …… 103
5.6　建设工程索赔案例 …… 105

单元六　建设工程纠纷的处理 …… 115
6.1　建设工程纠纷的处理方式 …… 116
6.2　《最高人民法院关于审理建设工程施工合同纠纷案件适用法律问题的解释（一）》 …… 124

参考文献 …… 132

附件　工程招投标与合同管理课程实训任务书与指导书

单元一

建设工程市场与工程承发包

📊 单元导读

有需求就会有市场，有市场就会有交易，有交易就会有规则。建筑业是我国国民经济支柱产业之一，建设工程市场庞大，参与建设各方主体需求旺盛，建设工程市场交易繁多而复杂。同时，建设工程质量及建造过程涉及人们的生命及财产安全，涉及经济发展大局、社会稳定和国家影响力，故交易规则与政府强制监管必不可少。

🎯 学习目标

1. 了解建设工程市场的概念及主要特点
2. 熟悉建设工程市场的主体与客体
3. 了解建设工程市场交易中心的功能与职责
4. 了解交易规则——工程建设相关法律法规

📋 课程思政

以了解"社会主义市场经济"为主线，以市场主体身份体验与讨论"在建设领域应该建立什么样的市场经济秩序？""如何建立建设领域市场经济秩序？"采用"教师引导、学生体验与讨论"的教学方法，将爱国、立志为中华民族伟大复兴而学而做融于教学全过程。

📝 学习任务

1. 提出自己将来可能的就业面向单位类型，就业岗位。
2. 站在就业岗位角度，以职业人的身份，分别（不少于3个）阐述学习了解建设工程市场、建设工程市场的主体与客体、建设工程市场交易中心及工程建设相关法律法规对你本人和单位的重要意义，以及自己的学习目标与计划。

🔍 导学案例

某学校A要新建一幢学生公寓楼，该工程概算资金4000万元，全部采用国有投资。学校委托一家全过程咨询公司B通过公开招标投标，先后确定了某设计院C完成了施工图设计（该工程占地面积为740.52m²，建筑面积为4250.80m²，六层框架结构，建筑高22.20m)，某监理公司D实施了该项目建设监理工作，某建筑公司E完成了该项目施工任务。在此过程中，受到了建设行政主管部门F及其委托机构的监督管理。

请思考：在该项目建设过程中，A、B、C、D、E、F分别在建设工程市场中扮演了什么角色？

1.1 建设工程市场的概念及主要特点

1.1.1 建设工程市场的概念

"市场"的原始定义是"商品交换的场所"。但随着"互联网+"及信息化社会的快速发展，市场的概念可以理解为"商品交换关系的总和"。

建设工程市场是指以建设工程承发包交易活动为主要内容的市场，是建筑产品交换关系的总和，简称建设市场或建筑市场。

建设工程市场既包括狭义的市场，即有形的建设工程市场，又包括无形的建设工程市场，即广义的市场。其中有形的建设工程市场，一般是指建设工程交易中心；无形的建设工程市场是指在建设工程交易中心之外的各种交易活动及处理各种关系的场所或空间。

1.1.2 我国建设工程市场的主要特点

我国建设工程市场的主要特点如下：

（1）建筑产品的特殊性决定了建设工程市场的特殊性。建设工程产品的固定性、多样性、庞体性和复杂性（建筑产品涉及公共安全和公共环境，政府主管部门会在系列法律法规和规章制度的框架下严格监管它的规划、勘察、设计、施工、验收等整个生产过程），决定了市场交易的单件性、长期性、大额性、不可预见因素多和风险高且防范难度大等特点，以及需求者向生产者直接订货后再生产，边生产边交易的过程。因而建设工程市场交易贯穿于建筑产品生产的整个过程，从工程建设的决策、设计，施工任务的承发包开始，到工程竣工、保修期结束为止，发包人与承包人进行的各种交易活动，都是在建设工程市场中进行的。生产活动与交易活动交织在一起，建设工程市场呈现特殊性、复杂性。

（2）建设工程市场交易关系的复杂性。建筑产品的形成过程涉及勘察、设计、施工各方以及供货方、采购人等，还包括行业的自律，政府的监控。不同利益的当事人，在同一经济事务中发生一定的关系。在复杂的交易关系中，链接和维系各方关系依靠基本建设程序和国家系列法律法规，遵循市场经济规律，确保各方利益得以实现。

（3）建设工程市场是以招标投标为主的不完全竞争市场。20世纪90年代初，我国全面推行招标投标制，1999年，颁布《中华人民共和国招标投标法》，标志着我国建设工程市场实施市场经济，全面引入竞争机制。此举有利于国有资产投资效益，防止腐败与不正之风，有利于与国际接轨。但由于建筑产品的地域性、特殊性对施工资质的特殊要求，决定了业主在发包时必然对承包方的投标行为设立很多限制性约束条件，从而使建设工程市场成为一个不完全竞争的市场。

（4）严格的市场准入制度。为保证建设工程市场有序进行，建设行政主管部门和行业协会制定了相应的市场准入制度和生产经营规则,以规范业主、承包商和中介服务组织的生产经营行为。例如,规定业主自行招标必须具备一定条件;施工方必须具有相应资质条件,并在资质允许范围内承揽工程;主要技术人员和岗位人员应有相应的职业资格证书等。

（5）建设工程市场竞争激烈。建筑业是我国国民经济支柱产业之一,建设工程市场自然成为国民经济总市场的重要组成部分。随着我国市场经济的逐步完善,所有市场参与者公平竞争,优胜劣汰,必然会在资本、技术、管理等诸多方面提升竞争力,有序促进建筑业的快速发展。

1.2 建设工程市场的主体与客体

1.2.1 建设工程市场的主体

建设工程市场是市场经济的产物。从一般意义上去理解,建设工程市场交易是业主给付建设费、承包人交付工程的过程。实际上,建设工程市场交易包括很复杂的内容,其交易贯穿于建筑产品生产的全过程。在这个过程中,不仅存在业主和承包人之间的交易,还有承包人与分包商、材料供应商等之间的交易,业主还要同设计单位、设备供应单位、咨询单位进行交易,甚至包括银行贷款,以及与工程建设相关的商品混凝土供应、构配件生产、建筑机械租赁等活动一同构成建筑市场生产和交易的总和。参与建设生产交易过程的各方构成建筑市场的主体。

1. 发包人

发包人是指具有工程发包主体资格和支付工程价款能力的当事人以及取得该当事人资格的合法继承人。包括可以在建设工程市场中发包工程建设的勘察、设计、施工等任务,并最终获得建筑产品的政府部门、企事业单位或个人。

发包人有时也称为发包单位、建设单位或业主、项目法人。在我国工程建设中,发包人或业主,只有在发包工程或组织工程建设时才成为市场主体。因此,发包人或业主作为市场主体具有不确定性。我国对发包人或业主行为进行的约束和规范,是通过法律和经济的手段实现的。

项目法人是指具有民事权利能力和民事行为能力,依法独立享有民事权利和承担民事义务的,并以建设项目为目的,从事项目管理的最高权力集团或组织。根据原国家计委《关于建设项目法人责任制的暂行规定》要求:国有单位经营性基本建设大中型项目在建设阶段必须组建项目法人。项目法人是建设项目的拥有者、投资者、组织建设者和经营者。在我国市场经济体制条件下,为了建立投资责任约束机制、规范项目法人行为,我国实行项目法人责任制,项目法人负责对项目建设全过程进行管理。

项目法人在项目建设中的主要责任有以下几个:
（1）建设项目立项决策。
（2）建设项目的资金筹措与管理。
（3）项目建设其他必要准备工作。
（4）办理建设项目的有关手续。
（5）建设项目各阶段的招标与合同管理。

(6) 建设项目竣工验收和试运行。
(7) 建设项目的竣工决算与审计。
(8) 建设项目的统计与文档管理。

2. 承包人

承包人是指拥有一定数量的建设装备、流动资金、工程技术经济管理人员，取得建设资质证书和营业执照的，能够按照业主的要求提供不同形态的建筑产品并最终得到相应工程价款的建筑业企业。

按照生产的主要形式不同，它们主要分为勘察、设计单位，建筑安装企业，混凝土预制构件及非标准预制构件等生产厂家，商品混凝土供应站，建筑机械租赁单位以及专门提供建筑劳务的企业等。按其所从事的专业可分为铁路、公路、房建、水电、市政工程等专业公司。按照承包方式，也可分为承包人和分包人。承包人作为建筑市场的主体，要严格执行国家现行《建筑业企业资质管理规定》和相关的法律法规、部门规章，并接受政府主管部门、行业的监督与管理。

3. 工程咨询服务机构

工程咨询服务机构是指具有一定注册资金，一定数量的工程技术、经济、管理人员，取得建设咨询资质和营业执照，能为工程建设提供估算测量、管理咨询、建设监理等智力型服务并获取相应报酬的企业。如造价咨询企业，招标投标代理企业、全过程工程咨询企业等。

工程咨询服务企业可以开展勘察设计、工程管理、工程造价咨询、招标代理、工程监理等多种业务或一揽子业务，国家鼓励实行总承包与全过程工程咨询。这类企业主要是向业主提供咨询与管理服务，使发包人与承包人在工程业务关系中达到平衡。这类企业在国际上一般称为咨询公司。在我国目前数量最多并有明确资质标准的是工程勘察、工程设计企业，工程监理企业和工程造价、招标代理、工程管理等咨询类企业。

工程咨询服务企业虽然不是工程发承包的当事人，但其受业主委托与聘用，作为项目技术、管理咨询单位，对项目的实施具有相当重要的作用与责任。

4. 市场组织管理者

建设工程市场管理是指各级人民政府建设行政主管部门、工商行政管理机关等有关部门，按照各自的职权，对从事各种房屋建筑、土木工程、设备安装、管线敷设等勘察设计、施工（含装饰装修，下同）、建设监理以及建筑构配件、非标准设备加工生产等发包和承包活动的监督、管理。

从事建设工程市场活动，实施建设工程市场监督管理，应当遵循统一开放、公开、公平、公正、竞争有序的原则。

建设工程市场中的经济活动是一个有机整体，其各个组成部分之间相互联系、相互制约，各组成部分自我控制、自我平衡，使得建设工程市场的经济活动不断运转与发展。

1.2.2 建设工程市场的客体

建设工程市场的客体是建筑产品，是建设工程市场的交易对象，既包括有形建筑产品，又包括无形建筑产品——各类智力型服务。

建筑产品不同于一般的工业产品。在不同的生产交易阶段，建筑产品表现为不同的形态：可以是承包人生产的各类建筑物和构筑物；可以是生产厂家提供的混凝土构件、供应的商品混凝土；可以是工程设计单位提供的设计方案、施工图、勘察报告；还可以是咨询公司提供的咨询报告、咨询意见或其他服务。

1.3 建设工程交易中心

1.3.1 建设工程交易中心概述、作用及基本功能

我国从1995年开始陆续成立建设工程交易中心。建设工程交易中心是为建设工程招标投标活动提供服务的自收自支的事业性单位，而非政府机构。政府有关部门及其管理机构可以在建设工程交易中心设立服务"窗口"，并对建设工程招标投标活动依法实施监督。

建设工程交易中心的主要作用：一是为建设工程市场进行交易各方提供服务；二是配合市场各部门调解交易过程中发生的纠纷。

其基本功能包括以下几方面：

（1）信息服务功能。建设工程交易中心将辖区内所有拟建工程的建设信息公开发布，符合条件的单位可以参加招标。

（2）集中办公功能。建设工程交易中心一般在一个地区只有一个固定的办公场所，相关的招标投标手续和中标后的工程报建手续都可以在中心集中办理，方便了发包承包单位。

（3）监督管理职能。建设工程交易中心的交易活动在当地建设主管部门的监督下进行，所有招标投标活动和合同需要经过备案登记，目的就是将《中华人民共和国建筑法》《中华人民共和国招标投标法》落到实处，杜绝暗箱操作。

1.3.2 建设工程交易中心的职责及其设立条件

1. 建设工程交易中心的职责

建设工程交易中心的职责包括以下几方面：

（1）贯彻执行建设工程市场和建设工程管理的法律、法规和规章，按照交易规则及时收集、发布信息。

（2）为建设工程市场进行交易各方提供服务。

（3）配合市场各部门调解交易过程中发生的纠纷。

（4）向政府有关部门报告交易活动中发现的违法违纪行为。

2. 建设工程交易中心的设立条件

地级以上城市（包括地、州、盟）设立建设工程交易中心应经建设部、国家计委、监察部协调小组批准。设立建设工程交易中心必须具备下列条件：

（1）有固定的建设工程交易场所和满足建设工程交易中心基本功能要求的服务设施。

（2）有政府管理部门设立的评标专家名册。

（3）有健全的建设工程交易中心工作规则、办事程序和内部管理制度。

（4）工作人员必须奉公守法并熟悉国家有关法律法规，具有工程招标投标等方面的基本知识；其负责人必须具备5年以上从事建设市场管理的工作经历，熟悉国家相关法律法规，具有较丰富的工程招标投标等业务知识。

（5）建设工程交易中心不能重复设立，每个地级以上城市（包括地、州、盟）只设一个，不按照行政管理部门分别设立。

1.4 建设工程相关法律法规概述

法律法规是建设工程管理的重要依据，参与工程建设各方应掌握建设工程相关法律法规。

建设工程相关法律法规主要有《中华人民共和国建筑法》（以下简称《建筑法》）《中华人民共和国招标投标法》（以下简称《招标投标法》）《中华人民共和国政府采购法》（以下简称《政府采购法》）和《中华人民共和国民法典》（以下简称《民法典》）合同编相关内容，相关行政法规主要有《建设工程质量管理条例》《建设工程安全生产管理条例》《中华人民共和国招标投标法实施条例》（以下简称《招标投标法实施条例》）和《中华人民共和国政府采购法实施条例》（以下简称《政府采购法实施条例》）等。

建设工程相关法律法规见表 1-1。

表 1-1 建设工程相关法律法规

法律法规	简要介绍	全文二维码	自测习题二维码
《建筑法》	《建筑法》是建筑业基本法律，分总则、建筑许可、建筑工程发包与承包、建筑工程监理、建筑安全生产管理、建筑工程质量管理、法律责任、附则共 8 章 85 条。主要适用于各类房屋建筑及其附属设施的建造和与其配套的线路、管道、设备的安装活动，但其中关于施工许可、企业资质审查和工程发包、承包、禁止转包，以及工程监理、安全生产和质量管理的规定，也适用于其他建设工程		
《建设工程质量管理条例》	为了加强对建设工程质量的管理，保证建设工程质量，保护人民生命和财产安全，根据《建筑法》，制定本条例。凡在中华人民共和国境内从事建设工程的新建、扩建、改建等有关活动及实施对建设工程质量监督管理的，必须遵守本条例。主要内容包括参建各方的质量责任和义务、建设工程质量保修、监督管理与罚则		
《建设工程安全生产管理条例》	《建设工程安全生产管理条例》是根据《建筑法》、《中华人民共和国安全生产法》制定的国家法规，是对上述 2 部法律的规定进一步细化，结合建设工程的实际情况，将两部法律规定的制度落到实处，明确建设单位、勘察单位、设计单位、施工单位、工程监理单位和其他与建设工程有关的单位的安全责任，并对安全生产的监督管理、生产安全事故应急救援与调查处理等作出规定。目的是解决建设工程安全生产实践中突出存在的问题，加强建设工程安全生产监督管理，保障人民群众生命和财产安全		

（续）

法律法规	简要介绍	全文二维码	自测习题二维码
《招标投标法》	为了规范招标投标活动，保障国家利益、社会公共利益和招标投标活动当事人的合法权益，提高经济效益，保证项目质量，制定本法。主要包括总则、招标、投标、开标、评标、中标、法律责任和附则等8部分内容		
《招标投标法实施条例》	《招标投标法》的施行，对于推进招标采购制度的实施，促进公平竞争，加强反腐败制度建设，节约公共采购资金，保证采购质量，发挥了重要作用。随着招标采购方式的广泛应用，招标投标活动也出现了一些亟待解决的突出问题：一些依法必须招标的项目规避招标或者搞"明招暗定"的虚假招标；一些招标投标活动当事人相互串通，围标串标，严重扰乱招标投标活动正常秩序，破坏公平竞争。相关制度需进一步完善：认真总结《招标投标法》实施以来的实践经验，制定出台配套行政法规，将法律规定进一步具体化，增强可操作性，并针对新情况、新问题充实完善有关规定，进一步筑牢工程建设和其他公共采购领域预防和惩治腐败的制度屏障，维护招标投标活动的正常秩序		
《民法典》合同编	《民法典》合同编内容不仅是人们在经济交往中必须遵守的基本规则、准绳，也是合同当事人权利保护的利器，更是国家管理社会主义市场经济的有力法宝，相关法律的实施，有利于在全社会形成诚实守信、重合同、守契约的良好风尚。合同当事人的法律地位平等，当事人依法享有自愿订立合同的权利，任何单位和个人不得非法干预。当事人应当遵循公平原则确定各方的权利和义务。当事人行使权利、履行义务应当遵循诚实信用原则。当事人订立、履行合同，应当遵守法律、行政法规，尊重社会公德，不得扰乱社会经济秩序，损害社会公共利益。依法成立的合同，对当事人具有法律约束力。当事人应当按照约定履行自己的义务，不得擅自变更或者解除合同。依法成立的合同，受法律保护		
《政府采购法》	《政府采购法》是为了规范政府采购行为，提高政府采购资金的使用效率，维护国家利益和社会公共利益，保护政府采购当事人的合法权益，促进廉政建设，制定的法律。其主要内容包括总则、政府采购当事人、政府采购方式、政府采购程序、政府采购合同、质疑与投诉、监督检查、法律责任和附则等9部分		

(续)

法律法规	简要介绍	全文二维码	自测习题二维码
《政府采购法实施条例》	政府采购的实践日益充分，政府采购无论是在结果评价还是活动规范上，都尚未达到制度的预期目标。主要体现在"规范"与"效率"目标尚未实现、高价采购与低价恶性竞争的现象并存、监管需要与监管能力出现新的矛盾、采购扶持政策与公平竞争原则难于平衡等，特别是近年来媒体反映的"豪华采购""高价采购"、质量不高、效率低下等问题，引起了社会对政府采购制度的质疑。这些问题如果不能得到有效解决，将直接影响政府采购事业的进一步健康发展		

本课程重点关注《建筑法》涉及质量、安全的相关条例，《招标投标法》及其实施条例，《民法典》合同编相关内容。其中，《民法典》合同编相关内容将在第三单元合同的法律基础中融合讲解，《招标投标法》及其实施条例会在第二单元建设工程项目招标投标中涉及，其他内容由学生自学。

【思考与讨论】

备注说明：本栏目为小组学习任务，教师将根据各小组研讨记录及组长评价，计入平时成绩。

（1）实地参观（当地）建设工程交易中心或浏览建设工程交易中心网站，了解其基本功能与规章制度。

（2）结合浙江省政府加快职能转变，优化服务各项工作，加快推动"最多跑一次"改革工作要求，讨论我国设立建设工程交易中心的重大意义。

（3）分析我国建设工程市场的主要特点，讨论对我们有什么借鉴与启示。

（4）置身于某一建设工程施工项目，分别扮演建设单位、施工单位和监理单位角色，分组讨论如何合理安排建设工程施工项目的质量、安全、进度、投资和协调管理等事项。

（5）分析现阶段我国建设工程市场主体之间交易建筑产品，应该建立什么样的秩序与规则。

自 测 题

一、单项选择题

工程招标投标代理机构，属于（　　）建设工程市场主体。

A. 发包方　　　　B. 承包商　　　　C. 中介服务机构　　　　D. 监督管理机构

二、多项选择题

1. 以下是建设工程市场客体的有（　　）。

A. 建筑产品　　　　B. 工程费用　　　　C. 智力服务

D. 建筑材料、设备　　　　E. 工程施工公司

2. 关于建设工程交易中心的说法，正确的有（　　）。

A. 建设工程交易中心是政府管理部门，具有监督管理职能

B. 工程交易行为不可以在建设工程交易中心场外发生
C. 建设工程交易中心是服务性机构，经批准可以收取一定费用
D. 建设工程交易中心并非任何单位和个人可随意设立，不以营利为目的
E. 建设工程交易中心具有信息服务功能

3. 建设工程交易中心的功能包括（　　　）。
A. 信息服务功能　　　B. 集中办公功能　　　C. 专家智力服务功能
D. 监督管理职能　　　E. 建筑产品服务功能

4. 以下属于建设工程市场主体的有（　　　）。
A. 发包方　　　B. 承包商　　　C. 监理公司
D. 监督管理机构　　　E. 工程招标投标代理机构

三、填空题

1. 建设工程市场是指以＿＿＿＿＿＿＿＿活动为主要内容的市场，建设工程市场既包括狭义的市场，即有形的建设工程市场，又包括无形的建设工程市场，即广义的市场。其中有形的建设工程市场，一般是指＿＿＿＿＿＿＿＿；无形的建设工程市场是指在建设工程交易中心之外的＿＿＿＿＿＿＿＿场所或空间。

2. 建设工程市场是＿＿＿＿＿＿的产物。从一般意义上去理解，建设工程市场交易是＿＿＿＿＿＿＿＿＿＿的过程。

3. 建设工程交易中心的主要作用：一是为建设工程市场进行交易各方＿＿＿＿＿＿；二是配合市场各部门调解交易过程中发生的＿＿＿＿＿＿。

单元二

建设工程项目招标投标

📊 单元导读

在我国市场经济条件下,工程项目承揽主要通过招标投标方式完成。招标投标是一种国际上普遍使用的、有组织的市场交易行为。在这种采购方式中,买方(招标人)通过事先公开的采购要求,吸引众多的卖方(投标人)平等参与竞争,按照规定程序并组织技术、经济和法律等方面专家对众多的投标人进行综合评审,从中择优选定中标人,其实质是买方选择卖方的过程。招标投标是一种法律行为。

🎯 学习目标

1. 了解在建设工程领域,招标投标的地位与作用
2. 掌握建设工程项目招标投标活动的基本原则
3. 了解工程建设相关法律法规及关于招标投标的相关规定
4. 熟悉招标投标程序
5. 了解工程招标投标文件的内容及编制方法
6. 具备编制招标备案文件、招标公告或资格预审文件、投标邀请函、资格预审申请文件等文件的能力
7. 初步具备(组织或协同)编制招标文件、投标文件的能力
8. 了解投标与投标报价的宏观决策与技巧

📋 课程思政

以了解"社会主义市场经济"为主线,以市场主体身份体验与讨论,"如何评价我国目前建设领域市场经济秩序?"学习"建设工程项目招标投标活动的基本原则"是一次良好的思政教育机会,"公开、公平、公正和诚实信用"是做事原则也是做人原则;采用"教师引导、学生体验与讨论"的教学方法,将规则意识、诚实守信、职业道德融入其中,将爱国、立志为中华民族伟大复兴而学而做融于教学全过程。

单元二　建设工程项目招标投标

学习任务

1. 如何理解招标投标是市场经济条件下建设市场的主要交易方式？我国作为社会主义国家，其市场经济及招标投标有何特点？
2. 如何理解建设工程项目招标投标活动的诚实信用原则？简单阐述我们严格执行此原则有什么现实意义。
3. 简述我国规定"必须招标的范围与规模标准"的现实意义。
4. 我国为什么规定招标的基本条件？实务中为什么委托招标成为招标组织的主要形式？
5. 关于招标方式国家也有严格规定，注意把握邀请招标与不招标的条件与程序。
6. 熟悉招标投标程序，其中哪些步骤是必需的。
7. 具备编制招标备案文件、招标公告或资格预审文件、投标邀请函等文件的能力。
8. 了解资格预审和资格后审对招标程序的影响，以及关于联合体投标的要求。
9. 初步具备（组织或协同）编制招标文件的能力。
10. 投标决策应该考虑哪些因素？
11. 投标报价的宏观决策与技巧有哪些？
12. 具备编制资格预审申请文件的能力。
13. 初步具备（组织或协同）编制投标文件的能力。

导学案例

某学校要新建一幢学生公寓楼，该工程概算资金4000万元，全部采用国有投资。请思考：学校应该如何选择设计单位、监理单位、施工单位等？

2.1　建设工程项目招标投标概述

2.1.1　建设工程项目招标投标的概念

招标是指招标人（业主）事前公布工程、货物或服务等发包业务的相关条件和要求，通过发布广告或发出邀请函等形式，召集自愿参加的竞争者投标，并根据事前规定的评选办法选定承包商的市场交易活动。在建筑工程施工招标中，招标人要对投标人的投标报价、施工方案、技术措施、人员素质、工程经验、财务状况及企业信誉等方面进行综合评价，择优选择承包商，并与之签订合同。

知识链接　招标投标的应用

投标就是投标人根据招标文件的要求，提出完成发包业务的方法、措施和报价等，竞争取得业务承包权的活动。

招标投标是一种有序的市场竞争交易方式，也是规范选择交易主体、订立交易合同的法律程序。

40多年来，我国在工程项目上推行招标投标制日臻成熟，相关法律法规、部门规章和规范性文件日趋完善，招标投标已成为建设市场的主要交易方式。

【知识链接】 鲁布革冲击波

1. 案例背景

1949年以来，我国大型工程建设一直采用自营制方式：由国家拨款，国营工程局施工，建成后移交管理部门生产运行，收益上交国家。20世纪80年代初，电力部决定鲁布革水电站部分建设资金利用世界银行贷款。1984年成立鲁布革工程管理局，第一次引进了业主、工程师、承包商的概念。鲁布革局部工程进行国际竞争性招标，将竞争机制引入工程建设领域，日本大成公司中标进入我国水电建设市场，夺走了原本已定在中国工程局的工程，形成了一个工程两种体制并存的局面。鲁布革冲击波及全国，人们在经历改革阵痛的同时，通过对比和思考，看到了先进的施工机械背后更重要的东西，很多人开始反思在计划经济体制下建设管理体制的弊端，探求"工期马拉松，投资无底洞"的真正症结所在。

基于世行贷款，必须国际公开招标投标；改革开放以后，伴随着社会主义市场经济的探索与实践（先并行后转型）。鲁布革引水系统工程进行国际招标和实行国际合同管理，在当时是很超前的，这是在20世纪80年代初我国计划经济体制还没有根本改变，建筑市场还没形成的情况下进行的。"一石激起千层浪"，鲁布革的国际招标实践和一个工程两种体制的鲜明对比，在中国工程界引起了强烈的反响。

2. 工程概况

鲁布革水电站位于云南罗平和贵州兴义交界处。电站由三部分组成：第一部分为首部枢纽，拦河大坝为堆石坝，最大坝高103.8m；第二部分为引水系统，由电站进水口、引水隧洞、调压井、高压钢管四部分组成，引水隧洞总长9.38km，开挖直径8.8m，差动式调压井内径13m，井深63.9m；第三部分为厂房枢纽，主副厂房设在地下，总长125m，宽18m，最大高度39.4m，安装$1.5×10^5$kW的水轮发电机4台，总容量$6×10^5$kW，年发电量28.49亿kW·h。

3. 招标程序

鲁布革水电站引水工程国际公开招标程序见表2-1。

表2-1 鲁布革水电站引水工程国际公开招标程序

时间	工作内容	说明
1982年9月	刊登招标通告及编制招标文件	
1982年9月~12月	第一阶段资格预审	13个国家32家公司中选定20家公司
1983年2月~7月	第二阶段资格预审	与世界银行磋商第一阶段预审结果，中外公司为组成联合投标公司进行谈判
1983年6月15日	发售招标文件	15家外商公司及3家国内公司购买了标书
1983年11月8日	当众开标	共8家公司投标，其中一家为废标
1983年11月~1984年4月	评标	确定大成（日）、前田（日）和英波吉洛（意美联合）3家公司为评标对象。最后确定大成（日）中标
1984年11月	引水工程正式开工	
1988年8月13日	正式竣工	工程师签署了工程竣工移交证书，工程初步结算价9100万元，实际工期1475天

鲁布革水电站在当时的我国称不上很大的工程，然而鲁布革的建设却受到全国工程界的关注，到鲁布革参观考察的人遍及全国各省市。

4. 小结

（1）把竞争机制引入工程建设领域，实行了国际招标投标。鲁布革首先给人的冲击是大型工程施工打破了原来由主管部门指定施工单位的做法，施工单位要凭实力进行竞争，由发包人择优而定，鲁布革水电站是我国第一次采取国际招标程序授予外国企业承包权的工程。

（2）实行国际评标价低价中标惯例，评标时标底只起参考作用，从而为我国节省了大量建设资金。鲁布革引水系统进行国际竞争性招标标底价为 14958 万元，工期为 1597 天。15 家外商公司及 3 家国内公司购买了标书。有 8 家公司投标，包括我国与外国公司组成的联合公司。当时我国的两家公司虽地处国内，而且享有 7.5% 的优惠，条件颇为有利，但却未能中标。

（3）我国公司的施工技术和管理水平与外国大公司相比，差距比较大。例如，当时国内隧洞开挖进尺每月最高为 112m，仅达到国外公司平均功效的 50% 左右。日本大成公司是国际著名承包商，施工工艺先进，每立方米混凝土的水泥用量比国内公司少 70kg。我国与挪威联营公司所用水泥比大成公司多 4 万 t 以上，按进口水泥运达工地价计算，水泥月量的差额约为 1000 万元。此外，国外公司施工管理严格，1984 年 7 月 31 日工程师发布开工令后，1984 年 10 月 15 日就正式施工，从下达开工令到正式开工仅用了两个半月时间。隧洞开挖仅用了两年半时间，于 1987 年 10 月全线贯通，比计划提前 5 个月，1988 年 7 月引水系统工程全部竣工，比合同工期提前了 122 天。实际工程造价按开标汇率计算约为标底的 60%。

（4）催人奋起，促进改革。大成公司派到我国来的仅是一支 30 人的管理队伍，从我国水电十四局雇了 424 名劳动工人（辅以分包）。工程质量综合评价为优良，包括除汇率风险以外的设计变更、物价涨落、索赔及附加工程量等增加费用在内的工程结算为 9100 万元，仅为标底 14958 万元的 60.8%，比合同价仅增加了 7.53%。我国工人不仅很快掌握了先进施工机械的操作技术，而且在我国工长的带领下，创造了 48.8m 隧洞开挖头月进尺 373.5m 的优异成绩，超过了日本大成公司历史最高纪录，达到世界先进水平。人们开始认真了解和学习国外在市场经济条件下实行的项目管理的机制、规则、程序和方法。

2.1.2 建设工程项目招标投标的主要特征

1. 平等性

招标投标是独立法人之间的市场交易活动，它按照平等、自愿、互利的原则和规范的程序进行。招标人和投标人均享有规定的权利和义务，受法律的保护和约束。同时，招标人提出的条件和要求对所有潜在的投标人都是同等的。因此，投标人之间的竞争也是平等的。

2. 竞争性

招标投标交易方式的核心就是竞争。投标人为了中标，相互在价格、品质、进度和服务等方面进行竞争，优胜劣汰。为了生存，企业间的竞争非常激烈。

3. 开放性

为了保证招标投标的竞争性，招标要求打破地方保护、行业垄断的局面，彻底开放市场。因此，公开招标要求在全国性的甚至是国际性的传播媒体上发布招标公告，从而保证最大限度的竞争。

2.1.3 建设工程项目招标投标的基本原则

根据《招标投标法》规定，招标投标活动的原则包括公开原则、公平原则、公正原则和诚实信用原则。

1. 公开原则

公开原则就是要求招标投标活动具有较高的透明度，招标信息、招标程序必须公开，即必须做到招标通告公开发布、开标程序公开进行、中标结果公开通知，使每个投标人获得同等的信息，在信息量相等的条件下进行公平的竞争。

2. 公平原则

公平原则要求给予所有投标人以完全平等的机会，使每一个投标人享有同等的权利并承担同等的义务，招标文件和招标程序不得含有任何对某一方歧视的要求或规定。

3. 公正原则

公正原则就是要求在选定中标人的过程中，评标机构的组成必须避免任何倾向性，评标标准必须完全一致。

4. 诚实信用原则

诚实信用原则也称为诚信原则，这条原则要求招标投标当事人应以诚实、守信的态度行使权利，履行义务，以维护双方的利益平衡，以及自身利益和社会利益的平衡。双方当事人都必须以尊重自身利益的同等态度尊重对方利益，同时必须保证自己的行为不损害第三方利益和国家、社会的公共利益。

【思考与讨论】 举例说明在招标投标实务中，违背招标投标活动原则的情形及其后果。

2.1.4 建设工程项目招标投标的基本法律规定

随着我国建设工程市场的成熟以及与国际市场的接轨，我国的招标投标法律体系日趋完善，对招标投标活动进行了严格的规范。

1. 必须招标的范围与规模标准

《招标投标法》规定，在中华人民共和国境内进行下列工程建设项目，包括项目的勘察、设计、施工、监理以及与工程建设有关的重要设备、材料等的采购，必须进行招标：

（1）大型基础设施、公用事业等关系社会公共利益、公众安全的项目。

知识链接 必须招标的工程项目规定

（2）全部或者部分使用国有资金投资或者国家融资的项目。

（3）使用国际组织或者外国政府投资贷款、援助资金的项目。

根据《招标投标法》，国家发展和改革委员会公布 2018 年第 16 号令《必须招标的工程项目规定》，自 2018 年 6 月 1 日起施行。同年 6 月 6 日国家发展和改革委员会发布《关于印发〈必须招标的基础设施和公用事业项目范围规定〉的通知》（发改法规规〔2018〕843 号）。为加强政策指导，进一步做好《必须招标的工程项目规定》和《关于印发〈必须招标的基础设施和公用事业项目范围规定〉的通知》实施工作，2020 年 10 月 19 日，国家发展和改革委员会办公厅印发《关于进一步做好〈必须招标的工程项目规定〉和〈必须招标的基础设施和公用事业项目范围规定〉实施工作的通知》（发改办法规〔2020〕770号）。

非法律法规规定必须招标的项目，建设单位可自主决定是否进行招标，任何组织或个人不得强制要求招标。同时，若建设单位自愿要求招标，招标投标管理机构应予以支持。

【思考与讨论】 根据《招标投标法》及相关规定，必须招标的工程没有进行招标会有什么后果？

【应用案例】 2011年4月21日，某县人民政府与某实业集团达成合作协议，同意由该实业集团代建廉租住房、公共租赁住房和限价商品住房，该实业集团将其作为某项目工程组织开发。2011年6月1日，某建筑公司给该实业集团出具投标保证金约定确认书，载明建筑公司就该项目工程施工投标并交纳投标保证金10万元。6月17日，双方签订《工程施工协议书》，约定：实业集团确保将其开发的该项目五标段6栋楼施工工程包给建筑公司；建筑公司支付给实业集团履约保证金500万元，如实业集团不能让建筑公司在8月15日前正式开工建设，则无条件退还500万元，如不能按期返还则按每日0.06%支付违约金；若实业集团收到保证金后无法提供该项目工程给建筑公司承包施工或由第三方施工，视为严重违约，则返还建筑公司履约保证金并支付履约保证金10%的罚金。施工协议签订后。建筑公司向实业集团支付了500万元，后实业集团因故未能进行协议所涉工程项目的开发，建筑公司也未能施工，实业集团将该500万元退还给建筑公司。建筑公司起诉，要求实业公司支付违约金。

问题：应该如何判决？

2. 招标的基本条件与招标组织

（1）招标工程应具备的条件。为了建立和维护正常的建设工程招标投标秩序，建设工程招标必须具备规定的条件，不具备这些条件就不能进行招标。如原国家发展计划委员会、建设部等部委联合制定的《工程建设项目施工招标投标办法》规定，依法必须招标的工程建设项目，应当具备下列条件才能进行施工招标：

1）招标人已经依法成立。
2）初步设计及概算已履行审批手续。
3）招标范围、招标方式和招标组织形式等已履行核准手续。
4）有相应资金或资金来源已落实。
5）有招标所需的设计图样及技术资料。

当然，对于建设项目的不同建设任务的招标，其条件可以有所不同或有所侧重。

一般在招标备案时，由招标投标管理部门审查把关。

（2）工程项目招标投标的组织形式

工程项目招标投标的组织形式包括自行招标和委托招标。

1）自行招标。自行招标是指招标人自身具有编制招标文件和组织评标的能力，依法自行办理招标。任何单位和个人不得强制其委托招标代理机构办理招标事宜。

依法必须进行招标的项目，招标人自行办理招标事宜的，应当向有关行政监督部门备案。项目法人或者组建中的项目法人应当在向国家发展和改革委员会上报项目可行性研究报告或者资金申请报告、项目申请报告时，一并报送符合规定的自行招标书面材料。

招标人自行办理招标事宜，应当具有编制招标文件和组织评标的能力，具体包括以下内容：

① 具有项目法人资格（或者法人资格）。

② 具有与招标项目规模和复杂程度相适应的工程技术、概预算、财务和工程管理等方面专业技术力量。

③ 有从事同类工程建设项目招标的经验。

④ 拥有 3 名以上取得招标职业资格的专职招标业务人员。

⑤ 熟悉和掌握《招标投标法》及有关法规规章。

2）委托招标。委托招标，是指招标人委托招标代理机构办理招标事宜。

招标人有权自行选择招标代理机构，委托其办理招标事宜。任何单位和个人不得以任何方式为招标人指定招标代理机构。

住房和城乡建设部办公厅关于取消工程建设项目招标代理机构资格认定加强事中事后监管的通知

3）工程项目招标投标的主要参与者。工程项目招标投标活动中的主要参与者包括招标人、投标人、招标代理机构和政府监督部门。

① 招标人。招标人是指依照法律规定提出招标项目进行工程建设的勘察、设计、施工、监理以及与工程建设有关的重要设备、材料等招标的法人或者其他组织。

② 招标代理机构。招标代理机构是指依法设立、从事招标代理业务并提供相关服务的社会中介组织。招标代理机构应当在招标人委托的范围内承担招标事宜，可以包括：拟定招标方案，编制和出售招标文件、资格预审文件；审查投标人资格；编制招标控制价；组织投标人踏勘现场；组织开标、评标，协助招标人定标；草拟合同；招标人委托的其他事项。

③ 投标人。投标人是指响应招标、参加投标竞争的法人或者其他组织。投标人应当具备承担招标项目的能力；国家有相关规定或者招标人对投标人资格条件有规定的，从其规定。

④ 政府监督部门。国家发展和改革委员会指导和协调全国招标投标工作，对国家重大建设项目的工程招标投标活动实施监督检查。国务院工业和信息化、住房和城乡建设、交通运输、水利、商务等部门，按照规定的职责分工对有关招标投标活动实施监督，依法查处招标投标活动中的违法行为。各省、自治区、直辖市人民政府可根据《招标投标法》的规定，从本地实际出发，制定招标投标管理办法。

3. 招标方式

招标分为公开招标和邀请招标两种方式。

（1）公开招标。公开招标又称为无限竞争招标，是由招标人以招标公告的方式邀请不特定的法人或者其他组织投标，并通过国家指定的报刊、广播、电视及信息网络等媒介发布招标公告，有意向的投标人接受资格预审、购买招标文件、参加投标的招标方式，适用范围最为广泛。

这种招标方式的优点是：投标的承包商多，范围广，竞争激烈，建设单位有较大的选择余地，有利于降低工程造价、提高工程质量、缩短工期。公开招标也有缺点，如由于投标的承包商多，招标工作量大，组织工作复杂，需投入较多的人力、物力，招标过程所需时间较长。

公开招标程序最严密、最规范，有利于招标人防范风险，保证招标的效果，有利于防范招标投标活动操作人员和监督人员出现舞弊现象。凡法律法规要求招标的建设项目必须采用公开招标的方式，若因某些原因需要采用邀请招标的，必须经招标投标管理机构批准。

（2）邀请招标。邀请招标又称为有限竞争性招标，是指招标人以投标邀请书的方式邀请特定的法人或其他组织投标。这种方式不发布公告，招标人根据自己的经验和所掌握的各种信息资料，向具备承担该项工程的施工能力、资信良好的三个及以上承包商发出投标邀请书，收到邀请书的单位参加投标。

邀请招标方式的优点是：拟邀请的投标人目标集中，数量有限（往往为3~5家），招标的组织工作较容易，工作量较小；邀请招标程序上比公开招标简化，招标公告、资格审查等操作环节被简化。因此，评标工作量减少，招标周期短。邀请招标方式的缺点是：由于参加的投标人较少，竞争性较差，使招标人对投标人的选择范围减小；如果招标人在选择邀请单位前所掌握的信息量不足，则会失去发现最适合承担该项目的承包商的机会。

《招标投标法实施条例》规定，国有资金占控股或者主导地位的依法必须进行招标的项目，应当公开招标；但有下列情形之一的，可以邀请招标，但仍需要依法获得批准：

1）技术复杂、有特殊要求或者受自然环境限制，只有少量潜在投标人可供选择。
2）涉及国家安全、国家秘密或者抢险救灾，适宜招标但不宜公开招标。
3）采用公开招标方式的费用占项目合同金额的比例过大。

【特别提示】 必须进行招标的项目，属于"可以进行邀请招标"的范畴，也必须依法获得批准。

（3）可以不进行招标的工程建设项目。《招标投标法》第六十六条规定，涉及国家安全、国家秘密、抢险救灾或者属于利用扶贫资金实行以工代赈、需要使用农民工等特殊情况，不宜进行招标的项目，可以不进行招标。《招标投标法实施条例》第九条规定，有下列情形之一的，可以不进行招标：

1）需要采用不可替代的专利或者专有技术。
2）采购人依法能够自行建设、生产或者提供。
3）已通过招标方式选定的特许经营项目投资人依法能够自行建设、生产或者提供。
4）需要向原中标人采购工程、货物或者服务，否则将影响施工或者功能配套要求。
5）国家规定的其他特殊情形。

4. 招标投标程序

（1）公开招标的程序。公开招标的程序一般可划分为以下基本环节：招标人向招标投标管理机构办理申请招标手续（招标备案）；编制招标公告或资格预审文件、投标邀请函、招标文件；投标人获取招标项目信息、获取资格预审文件、按照文件要求填写资格预审申请书并递交，投标人的资格预审，投标人获得资格预审通知书（采用资格预审方式）；发放（购买）招标文件，投标人编制投标文件，接收（递交）投标文件；开标、评标与定标；签订合同。

知识链接　公开招标投标程序

1）招标申请。一般规定，招标人进行招标，要向招标投标管理机构填报招标备案文件。招标备案文件经核准后，编制招标文件和招标控制价，并将这些文件报招标投标管理机构备案。招标人或招标代理机构也可在申报招标申请书时，将已经编制完成的招标文件和招标控制价，报招标投标管理机构备案。经招标投标管理机构对上述文件进行审查核准后，方可发布招标公告或发出投标邀请函。

招标备案文件是招标人向政府主管机构提交的要求开始组织招标的一种文书。其主要内容包括招标工程具备的条件、招标的工程内容和范围、拟采用的招标方式和对投标人的要求、招标人或者招标代理机构（委托代理招标事宜的应签订委托代理合同）的资质等。

招标申请时，招标投标管理机构首先要对招标人的资格进行审查，不具备规定条件的招标人，须委托具有相应资质的咨询、监理等单位代理招标。其次要对招标项目所具备的条件进行审查，符合条件的方准许其进行招标。

上述规定的主要目的在于促使建设单位严格按基本建设程序办事，防止"三边"工程的发生，并确保招标工作的顺利进行。

招标申请时，招标投标管理机构还要对项目的招标方式进行审查，凡依法必须招标的项目，没有特殊情况，必须公开招标。有特殊原因需要采用邀请招标的，必须依据《招标投标法》《工程建设项目施工招标投标办法》以及其他法律法规的规定进行严格审查。

2）招标公告或资格预审公告。招标申请书和招标文件等备案后，招标人就要发布招标公告或资格预审公告。

采用公开招标方式的，招标人要在报纸、杂志、广播、电视、网络等大众传媒或建筑工程交易中心公告栏上发布招标公告。信息发布所采用的媒介，应与潜在投标人的分布范围相适应，不相适应是一种违背公正原则的违规行为。如国际招标的应在国际性媒介上发布信息，全国性招标的应在全国性媒介上发布信息，否则即被认为是排斥潜在投标人。必须强调的是，依法必须招标的项目，其招标公告应当在国家指定的报刊和信息网络上发布。

实行资格预审（即在投标前进行资格审查）的，用资格预审公告代替招标公告，即只发布资格预审公告，通过发布资格预审公告，招请投标人。投标人获取招标项目信息，获取资格预审文件，按照文件要求填写资格预审申请书并递交，招标人接收投标人资格预审申请书并对投标人资格进行预审，投标人获得资格预审通知书。

实行资格后审（即在开标后进行资格审查）的，不发布资格审查公告，而只发布招标公告，通过发布招标公告招请投标人。

3）发放招标文件。招标人将招标文件、图样和有关技术资料发给投标人（实行资格预审的须通过资格预审获得投标资格），投标人交付必要的成本费用。投标人收到招标文件、图样和有关资料后，应认真核对，并搜集有关资料和信息，进行投标准备。

4）现场踏勘。对于建设施工项目，投标人应进行现场踏勘，以便投标人了解工程场地和周围环境情况，一般由投标人自行踏勘，也可以由招标人（或招标代理机构）统一组织。踏勘现场主要应了解以下内容：

① 施工现场是否达到招标文件规定的条件。
② 施工现场的地理位置、地形和地貌。
③ 施工现场的地质、土质、地下水位、水文等情况。
④ 施工现场气候条件，如气温、湿度、风力、年雨雪量等。
⑤ 现场环境，如交通、饮水、污水排放、生活用电、通信等。
⑥ 工程所在施工现场的位置与布置。
⑦ 临时用地、临时设施搭建等。

5）招标答疑。投标人在现场踏勘以及理解招标文件、施工图时的疑问，可以于招标文件规定的时间前书面提出。招标人将在招标文件规定的时间前对投标人的疑问作出统一的解答（招标文件的澄清、修改），并以招标补充文件的形式，发放给所有投标人（也可以召开答疑会解答问题，并形成答疑会议纪要发放给所有投标人），并报招标投标管理机构备案。

6）投标文件的编制与送交。投标人根据招标文件的要求编制投标文件，并在密封和签章后，于投标截止时间前送达规定的地点。有投标担保要求的，同时办理并提交投标担保证明。

7）开标。招标人按招标文件规定的时间、地点，在投标人法定代表人或授权代理人在场的情况下进行开标，把所有投标者递交的投标文件启封公布，对标书的有效性予以确认。

8）评标。由招标人邀请有关经济、技术专家组成评标委员会，在招标投标管理机构监督下，依据评标原则和评标方法，对投标人的技术标和商务标进行综合评价，确定中标候选单位，并排定优先次序。

采用资格后审的，招标人待开标后先对投标人的资格进行审查，经资格审查合格的，方准其进入评标环节。经资格后审不合格的投标人的投标应作废标处理。

公开招标资格后审和资格预审的主要内容是一样的。

9）定标。中标候选单位确定后，招标人可对其进行必要的询标，然后根据情况最终确定中标单位。但在确定中标人之前，招标人不得与投标人就投标价格、投标方案等实质性内容进行谈判。同时，依法必须招标的项目，招标人应当确定排名第一的中标候选人为中标人。排名第一的中标候选人放弃中标、因不可抗力提出不能履行合同，或者招标文件规定应当提交履约保证金而在规定的期限内未能提交的，招标人可以确定排名第二的中标候选人为中标人。并按要求公示、向招标投标管理机构备案。

10）中标通知。中标人确定后，招标人应当向中标人发出中标通知书，同时通知所有未中标人。中标通知书对招标人和中标人具有法律约束力。中标通知书发出后，招标人改变中标结果或者中标人放弃中标的，应当承担法律责任。

11）合同签订。中标通知书发出之日起30个工作日之内，招标人应当与中标人按照招标文件和中标人的投标文件订立书面合同。招标人与中标人签订合同后5个工作日内，应当向中标人和未中标的投标人退还投标保证金及银行同期存款利息。

若招标文件规定必须缴纳履约保证金的，中标单位应及时缴纳。未按招标文件及时缴纳履约保证金和签订合同的，将被没收投标保证金，并承担违约的法律责任。

（2）邀请招标的程序。邀请招标程序与公开招标程序的主要差异是邀请招标无须发布资格预审公告或招标公告，因为邀请招标的投标人是招标人预先通过调查、考察选定的，投标邀请书是由招标人直接发给投标人的。除此之外，邀请招标的程序与公开招标基本相同。注意，邀请招标应至少向3个符合资质条件的投标人发送投标邀请书。

2.2　招标方的主要工作

2.2.1　编制招标备案文件

招标人需编制招标备案文件，并向招标投标管理机构办理申请招标手续。

招标备案文件应说明招标工作范围、招标方式、计划工期、对投标人的资质要求、招标项目前期准备工作的完成情况、自行招标还是委托代理招标以及相应的审核资料等内容。

2.2.2 编制招标公告或资格预审文件

1. 招标公告应当载明的内容

（1）招标人的名称和地址。
（2）招标项目的内容、规模、资金来源。
（3）招标项目的实施地点和工期。
（4）获取招标文件或者资格预审文件的地点和时间。
（5）对招标文件或者资格预审文件收取的费用。
（6）对投标人资质等级的要求。

知识链接　公开
招标须知（例）

2. 资格预审文件

资格预审文件包括资格预审公告、申请人须知、资格审查办法、资格预审申请文件格式、项目建设概况，以及对资格预审文件的澄清和修改。

当资格预审文件、资格预审文件的澄清或修改等在同一内容的表述上不一致时，以最后发出的书面文件为准。

在获得招标信息后，有意参加投标的单位应根据资格预审通告或招标公告的要求携带有关证明材料到指定地点报名并接受资格预审。资格审查应主要审查潜在投标人是否符合下列条件：

（1）具有独立订立合同的权利。
（2）具有履行合同的能力，包括专业技术资格和能力，资金、设备和其他物质设施状况，管理能力，经验、信誉和相应的从业人员。
（3）没有处于被责令停业，投标资格被取消，财产被接管、冻结，破产状态。
（4）在最近三年内没有骗取中标和严重违约及重大工程质量问题。
（5）法律、行政法规规定的其他资格条件。

资格审查时，招标人不得以不合理的条件限制、排斥潜在投标人，不得对潜在投标人实行歧视待遇。任何单位和个人不得以行政手段或者其他不合理方式限制投标人的数量。

【应用案例】 2016年1月，E单位委托F招标公司进行"高防伪证书制作"服务项目采购工作。E单位对此次新的证书制作服务采购工作高度重视，在采购开始前专门咨询了国内证书防伪领域的专家，并在专家指导下在采购需求中规定了较高的技术标准。F招标公司接受委托后，E单位要求F招标公司按照该单位前期确定的采购需求编制招标文件，并且提出为了保证采购的效果，要对投标人的资格提出较高的要求，一定要保证中标人是技术过硬、信誉良好、管理规范的大公司。

F招标公司按照E单位的要求，编制完成了招标文件，并得到该单位的确认。随后，F招标公司依法开展该服务项目的招标工作，最后评标委员会经过评审，推荐投标人D公司为排名第一的中标候选供应商。F招标公司在获得E单位对采购结果的确认后，发布了中标公告。

2016年2月初，财政部门收到A公司的举报，举报称：此次采购存在不正当限制投标人的情形，采购结果有失公正，要求财政部门对此项目进行调查，并依法进行处理。

为此，财政部门调取了本项目的招标公告、招标文件等材料。调查发现，招标公告及招标文件中对于投标人的资格要求存在如下内容：投标人"注册资金不低于2000万元""投标前三年每年度营业收入不低于2000万元""投标人正式员工不得低于100人"等。财政部门根据文件中发现的问题又对E单位和F招标公司进行了询问。询问中E单位表示，他们只是要求中标人必须是技术过硬、信誉良好的大公司，至于具体标准，是由F招标公司确定的；F招标公司反映，为了能实现E单位提出的必须由证书制作行业内大公司中标的要求，F招标公司通过市场调研，确定了比较合理的资格标准，对投标人的注册资金、营业收入和公司规模等提出了一定的要求。

问题：（1）你认为采购人及采购代理机构确定的招标条件是否合理？为什么？

（2）如果该招标活动存在问题，相关当事人应承担哪些法律责任？

招标人应当在资格预审公告或招标文件中载明资格预审的条件、标准和方法。招标人不得改变载明的资格条件，或者以没有载明的资格条件对投标人进行资格审查。报名和资格预审可以同时进行，也可以分开进行。资格预审就是招标人通过对投标人按照资格预审公告或招标公告的要求提交或填报的有关资格预审文件和资料的审查，确定合格投标人的活动。经资格预审后，招标人应当向资格预审合格的潜在投标人发出资格预审合格通知书，告知获取招标文件的时间、地点和方法，并同时向资格预审不合格的潜在投标人告知资格预审结果。资格预审不合格的潜在投标人不得参加投标。合格投标人名单一般要报招标投标管理机构复查。

3. 关于资格后审

对投标人的资格审查也可采用资格后审。所谓资格后审就是招标人待开标后再对投标人的资格进行审查，经资格审查合格的，方准其进入评标。经资格后审不合格的投标人的投标应作废标处理。

公开招标资格预审和资格后审的主要内容是一样的，一般要求投标人向招标人提交以下法定证明文件和相关资料：

（1）营业执照、资质等级证书和法人代表资格证明书。

（2）近三年完成工程的情况。

（3）目前正在履行的合同情况。

（4）履行合同的能力，包括专业技术资格、能力和经验，资金、财务、设备、劳动力和其他资源状况，管理能力，信誉等。

（5）受奖、罚的情况和其他有关资料。

4. 关于投标联合体

两个以上法人或者其他组织可以组成一个联合体，以一个投标人的身份共同投标。

投标人可以单独参加资格预审，也可以作为联合体的成员参加资格预审，但不允许投标人参加同个项目的一个以上的投标，任何违反这一规定的资质预审申请书均将被拒绝。

联合体各方应当具备承担招标项目的相应能力，国家有关规定或者招标文件对投示人资格条件有规定的，联合体各方均应当具备规定的相应资格条件。由同一专业的单位组成的联合体，按照资质等级较低的单位确定资质等级。

联合体各方应当签订共同投标协议,明确约定各方拟承担的工作和责任,并将共同投标协议连同投标文件一并提交招标人。联合体中标的,联合体各方应当共同与招标人签订合同,就中标项目向招标人承担连带责任。

联合体参加资格预审应符合下列要求:

(1) 联合体的每一个成员均须提交与单独参加资格预审的单位要求一样的全套文件。

(2) 在资格预审文件中必须规定,资格预审合格后,作为投标人将参加投标并递交合格的投标文件。该投标文件连同后来的合同应共同签署,以便对所有联合体成员作为整体和独立体均具有法律约束力。在提交资格审查有关资料时,应附上联合体协议,该协议中应规定所有联合体成员在合同中共同的和各自的责任。

(3) 预审文件须包括一份联合体各方计划承担的合同额和责任的说明。联合体的每一成员须具备执行它所承担的工程的充足经验和能力。

(4) 预审文件中应指定一个联合体成员作为主办人(或牵头人),主办人应被授权代表所有联合体成员接受指令,并且由主办人负责整个合同的全面实施。

联合体如果达不到上述要求,其提交的资格预审申请将被拒绝。资格预审后,任何联合体的组成和资审合格的联合体的任何变化,须在投标截止日之前征得招标人或招标代理机构的书面同意。作为联合体提出资格预审申请经审查合格后,不得再分开或加入其他联合体。

采用邀请招标方式时,对投标人的资格审查一般都采用资格后审,即招标人在发出招标邀请书后,再要求投标人按照投标邀请书的要求提交或出示有关文件和资料,并进行验证。招标人通过资格后审以确认自己所掌握的有关投标人的情况是真实的和可靠的。一般通过资格审查的投标人名单,要报招标投标管理机构进行审核。

邀请招标资格审查的主要内容一般与公开招标相同。

经资格审查合格后,由招标人或招标代理机构通知资格审查合格者,领取招标文件,参加投标。招标人向经审查合格的投标人分发招标文件及有关资料,并向投标人收取投标保证金。公开招标实行资格后审的,直接向投标报名者分发招标文件和有关资料,并收取投标保证金。

【应用案例】 某大型商场进行内外装饰装修施工招标,外立面采用玻璃幕墙和干挂石材,要求投标人具备建筑幕墙专业承包一级和装饰装修专业承包一级资质。甲、乙两家施工企业自愿组成联合体投标,其中甲具有建筑幕墙专业承包一级资质和装饰装修专业承包二级资质,乙具有装饰装修专业承包一级资质和建筑幕墙专业承包二级资质,联合体协议约定由甲负责幕墙工程,乙负责室内装饰装修工程。

该项目采用资格后审制度,在资格审查过程中,评标委员会对该投标联合体的资质是否合格出现了两种完全不同的判断:一种认为该联合体不符合要求,理由是联合体的资质等级采取就低不就高的原则,该联合体的资质应当被认定为"建筑幕墙专业承包二级资质和装饰装修专业承包二级资质"。另一种意见认为该联合体资质符合要求,理由是根据联合体的分工协议"甲负责幕墙工程,乙负责室内装饰装修工程",由于甲具有建筑幕墙专业承包一级资质,乙具有装饰装修专业承包一级资质,则该联合体的资质应当被认定为"建筑幕墙专业承包一级资质和装饰装修专业承包一级资质"。

问题:你支持哪一种观点,为什么?

2.2.3 编制招标文件

招标人根据施工招标项目的特点和需要编制招标文件。招标文件一般包括前附表；投标须知；合同主要条款；合同格式；技术规范；设计图；评标标准和方法；投标文件的格式。此外，采用工程量清单招标的，应当提供工程量清单。

招标人应当在招标文件中规定实质性要求和条件，并用醒目的方式标明。

1. 前附表

前附表是投标须知前附表的简称，它以表格的形式将投标须知概括性地表示出来，放在招标文件的最前面，使投标人一目了然，有利于引起注意和便于查阅。前附表一般包括以下内容：

知识链接　招标文件的编制（导入）

知识链接　标准施工招标资格预审文件及标准施工招标文件

知识链接　简明标准施工招标文件

（1）招标项目概况，包括项目名称、建设地点、建设规模、结构类型、资金来源等内容。

（2）招标范围。

（3）承包方式。

（4）合同名称。

（5）投标有效期。

（6）质量标准。

（7）工期要求。

（8）投标人资质等级。

（9）必要时概括列出投标报价的特殊性规定。

（10）投标保证金数额。

（11）投标预备会时间、地点。

（12）投标文件份数。

（13）投标文件递交地点。

（14）投标截止时间。

（15）开标时间。

2. 投标须知

投标须知一般包括总则、招标文件、投标文件、开标、评标、合同授予等内容。

（1）总则。投标须知的总则通常包括以下内容：

1）招标项目概括，主要包括项目名称、建设地点、建设规模、结构类型、资金来源、建设审批文件等内容。

2) 招标范围。

3) 承包方式。

4) 招标方式。

5) 招标要求，包括质量标准、工期要求。

6) 投标人条件，包括企业资质和项目经理资质等。

7) 投标费用。

(2) 招标文件。这部分内容主要包括以下内容：

1) 招标文件组成。

2) 招标文件解释，其中规定了招标文件解释的时间和形式。

3) 现场踏勘。

4) 投标预备会。

5) 招标文件修改，其中规定了招标文件修改的形式、时效、法律效力。

(3) 投标文件。这是投标须知中对投标文件各项要求的阐述，主要包括以下内容：

1) 投标文件的语言。

2) 投标报价的规定，包括报价有效范围、报价依据、报价内容、部分费率和单价的规定、投标货币、主要材料和设备的品牌规定等。

3) 投标文件编制要求，包括投标书组成内容、投标文件格式要求、投标文件的份数和签署、投标文件的密封与标志、投标有效期和投标截止期等。

4) 投标文件递交的规定，包括投标文件封包要求、投标文件递交的时间和地点等。

5) 投标保证金，这是对投标保证金的形式以及缴纳时间等问题的说明。

6) 投标文件的修改与撤回，这是对投标书的修改与撤回在时间和形式上的规定。

(4) 开标。该部分一般包括以下内容：

1) 开标的时间、地点。

2) 开标会议出席人员规定。

3) 会前必须交验的有关证明文件的规定。

4) 程序性废标的条件。

5) 唱标和记录规定。

(5) 评标。该部分一般包括以下内容：

1) 评标委员会的组成。

2) 评标办法。

3) 实质性废标条件。

4) 投标文件澄清的规定。

5) 评标保密规定。

(6) 合同授予。该部分一般包括以下内容：

1) 中标通知书发放规定。

2) 履约保证金或保函递交时效规定。

3) 合同签订时效规定。

3. 合同主要条款

合同主要条款一般包括施工组织设计和工期、工程质量与验收、合同价款与支付、工程保修和其他等部分。

（1）施工组织设计和工期，一般包括进度计划编制要求，开、竣工日期，工程延期的条件。

（2）工程质量与验收，一般包括质量标准、质量验收程序。

（3）合同价款与支付，一般包括合同价款调整规定、工程款支付规定。

（4）其他，根据招标人的具体要求编写。

4. 合同格式

此部分规定了合同所采用的文本格式。国内项目大多采用《建设工程施工合同（示范文本）》（GF—2017—0201）（详见单元四）。

5. 技术规范

此部分主要说明本项目适用的规范、标准。

6. 设计图

此部分对施工图的移交作出规定。招标文件中的图样，不仅是投标人拟定施工方案、确定施工方法、提出替代方案、计算投标报价必不可少的资料，也是工程合同的组成部分。因此，在该部分中应详细列出图样张数和编号。

7. 评标标准和方法

《招标投标法》规定：评标委员会应当按照招标文件确定的评标标准和方法，对投标文件进行评审和比较。评标的标准，一般包括价格标准和价格标准以外的其他有关标准（又称"非价格标准"）。评标的方法是运用评标标准评审、比较投标的具体方法。常见的评标方法有经评审最低价法（能够满足招标文件的实质性要求，并且经评审的投标价格最低；但是投标价格低于成本的除外）和综合评估法（能够最大限度地满足招标文件中规定的各项综合评价标准）。

8. 投标文件的格式

此部分主要提供一些投标文件的统一格式。

招标文件发出后，招标人不得擅自变更其内容。若确需进行必要的澄清、修改或补充，招标人应当在招标文件要求提交投标文件截止时间至少15天前，书面通知所有获得招标文件的投标人。投标保证金是招标人为了防止发生投标人不递交投标文件，递交毫无意义或未经充分、慎重考虑的投标文件，投标人中途撤回投标文件或中标后不签署合同等情况的发生而设定的一种担保形式。其目的是约束投标人的投标行为，保护招标人的利益，维护招标投标活动的正常秩序，这也是国际上的一种习惯做法。

投标保证金的收取和缴纳办法，应在招标文件中说明。投标保证金可采用现金、支票、银行汇票，也可以是银行出具的银行保函。

《工程建设项目施工招标投标办法》规定："投标保证金一般不得超过投标总价的2%，但最高不得超过80万元人民币。投标保证金有效期应当超出投标有效期30天。"

9. 编制招标文件的注意事项

（1）用醒目的方式标明招标的实质性要求和条件。招标人应当在招标文件中规定实质性要求和条件，并用醒目的方式标明。招标文件规定的各项技术标准应符合国家强制性标准。

（2）招标文件不得含有倾向或者排斥潜在投标人的内容。招标文件中规定的各项技术标准均不得要求或标明某特定的专利、商标、名称、设计、原产地或生产供应者，不得含有倾向或者排斥潜在投标人的其他内容。如果必须引用某一生产供应者的技术标准才能准确或清楚地说明拟招标项目的技术标准时，则应当在参照后面加上"或相当于"的字样。

（3）招标文件应当规定投标有效期。招标文件应当规定适当的投标有效期，以保证招标人有足够的时间完成评标和与中标人签订合同。

（4）工期长的项目，招标文件可规定工程造价的调整方法。施工招标项目工期超过12个月的，招标文件中可以规定工程造价指数体系、价格调整因素和调整方法。

（5）招标控制价应严格按《建设工程工程量清单计价规范》（GB 50500—2013）的规定、本地工程造价管理机构发布的工程造价信息，结合招标文件中的工程量清单及有关要求、建设工程设计文件及相关资料、施工现场情况、工程特点及施工的常规做法以及与建设工程项目有关的标准、规范、技术资料编制。

2.3　投标方的主要工作

2.3.1　投标决策概述

投标决策，是指承包商为实现其一定利益目标，针对招标项目的实际情况，对投标可行性和具体策略进行论证和抉择的活动。一旦决定参与投标，投标活动的一般程序如下：

（1）成立投标组织。
（2）投标初步决策。
（3）参加资格预审，并领取招标文件。
（4）参加现场踏勘和投标预备会（如有），也可以自行现场踏勘、及时书面向招标人提出疑问。
（5）进行技术环境和市场环境调查。
（6）编制施工组织设计。
（7）编制并审核施工图预算。
（8）投标最终决策。
（9）标书成稿。
（10）标书装订和封包。
（11）递交标书，参加开标会议。
（12）接到中标通知书后，与建设单位签订合同。

2.3.2　投标决策的内容

1. 投标项目决策的选择

建设工程投标决策的首要任务是在获取招标信息后，对是否参加投标竞争进行分析、论证，并作出抉择。

承包商决定是否参加投标，通常要综合考虑各方面的情况，如承包商当前的经营状况和长远目标，参加投标的目的，影响中标机会的内部因素、外部因素等。一般来说，有下列情形之一的招标项目，承包商不宜选择投标：

（1）工程规模超过企业资质等级的项目。
（2）超出企业业务范围和经营能力的项目。
（3）企业当前任务比较饱满，而招标工程是风险较大或盈利水平较低的项目。
（4）企业劳动力、机械设备和周转材料等资源不能保证的项目。
（5）竞争对手在技术、经济、信誉和社会关系等方面具有明显优势的项目。

2. 投标报价的决策

投标报价的决策分为总价决策和单价决策，应先进行总价决策，后进行单价决策。

（1）报价的总价决策是指根据竞争环境，采取总价报高价还是报低价的决策。

一般来说，项目有下列情形之一的，投标人可以考虑投标以追求效益为主，可报高价：

1）招标人对投标人特别满意，希望发包给本承包商的。
2）竞争对手较弱，而投标人与之相比有明显的技术、管理优势的。
3）投标人在建任务虽饱满，但招标项目利润丰厚，值得且能实际承受超负荷运转的。

一般来说，有下列情形之一的，投标人可以考虑投标以保本为主，可报保本价：

1）招标工程竞争对手较多，而投标人无明显优势的，且投标人又有一定的市场或信誉的。
2）投标人在建任务少，无后继工程，可能出现或已经出现部分窝工的。

【特别提示】 我国的有关建设法规都对低于成本价的恶意竞争进行了限制。因此，对于国内工程来说，目前阶段是不能报亏损价的。

（2）报价的单价决策是指根据报价的技巧具体确定每个分项工程是报高价还是报低价，以及报价的高低幅度。在同一工程造价估算中，单价高低一般根据以下具体情况确定：

1）估计工程量将来增加的分项工程，单价可提高一些，否则报低一些。
2）能先获得付款的项目（如土方、基础工程等），单价可报高一些，否则报低一些。
3）对做法说明明确的分项工程，单价应报高一些。反之，图样不明确或有错误，估计将来要修改的分项工程，单价可报低一些，一旦图样修改可以重新定价。
4）没有工程量，只填报单价的项目（如土方工程中的水下挖土、挖湿土等备用单价），其单价要高一些，这样做也不影响投标总价。
5）暂定施工内容要具体分析，将来肯定要做的单价可适当提高。如果工程分包，该施工内容可能由其他承包商施工时，则不宜报高价。

在进行上述调整时，若同时保持投标报价总量不变，则这种报价方法称为不平衡报价法。这种报价方法的意义在于，在不影响报价的竞争力的前提下谋取更大的经济效益。但各项目价格的调整需掌握在合理的幅度内，以免引起招标人的反感，甚至被确定为废标，遭受不应有的损失。

【思考与讨论】 为什么在采用不平衡报价法的时候，各项目价格的调整需掌握在合理的幅度内？评标过程中如何限制过分的不平衡报价？

2.3.3 填报资格预审申请文件

1. 资格预审申请文件的内容

（1）资格预审申请函。

（2）法定代表人身份证明或附有法定代表人身份证明的授权委托书。

（3）联合体协议书。

（4）申请人基本情况表。

（5）近年财务状况表。

（6）近年完成的类似项目情况表。

（7）正在施工和新承接的项目情况表。

（8）近年发生的诉讼及仲裁情况。

（9）其他材料，见申请人须知前附表。

申请人须知前附表规定不接受联合体资格预审申请的或申请人没有组成联合体的，资格预审申请文件不包括联合体协议书。

2. 填写资格预审申请文件的注意事项

（1）资格预审申请文件应按资格预审文件中"资格预审申请文件格式"进行编写。

（2）"申请人基本情况表"应附申请人营业执照副本及其年检合格的证明材料、资质证书副本和安全生产许可证等材料的复印件。

（3）"近年财务状况表"应附经会计师事务所或审计机构审计的财务会计报表，包括资产负债表、现金流量表、利润表和财务情况说明书的复印件，具体年份要求见申请人须知前附表。

（4）"近年完成的类似项目情况表"应附中标通知书和（或）合同协议书、工程接收证书（工程竣工验收证书）的复印件。

（5）"正在施工和新承接的项目情况表"应附中标通知书和（或）合同协议书复印件。

（6）"近年发生的诉讼及仲裁情况"应说明相关情况，并附法院或仲裁机构作出的判决、裁决等有关法律文书复印件。

（7）资格预审申请文件中的任何改动之处均应加盖单位章或由申请人的法定代表人或其委托代理人签字确认。

2.3.4 编制投标文件

1. 投标文件的组成

建设工程投标文件，是建设工程投标人单方面阐述自己响应招标文件要求，旨在向招标人提出愿意订立合同的意思表示，是投标人确定和解释有关投标事项的各种书面表达形式的统称。从合同订立过程来分析，建设工程投标文件在性质上属于一种要约，其目的在于向招标人提出订立合同的意愿。

知识链接 投标文件的编制（导入）

投标文件的组成，应根据工程所在地建设市场的常用文本确定，招标人应在招标文件中作出明确的规定，常用的投标文件格式文本的内容包括以下几方面：

（1）投标函除正文外，还包括投标函附录、法定代表人资格证明书、投标文件签署、授权委托书、投标担保书（银行保函）等文件。

（2）投标报价文件（商务标）的格式文本较多，各地都有自己的文本。《建设工程工程量清单计价规范》（GB 50500—2013）规定，投标报价文件应包括投标总价及工程项目总价表、单项工程投标报价汇总表、单位工程投标报价汇总表、分部分项工程量清单与计价表、措施项目清单与计价表、其他项目清单与计价表、计日工表、工程量清单综合单价分析表、规费税金项目清单与计价表等内容。

（3）技术标通常由施工组织设计、项目管理班子配备情况、项目拟分包情况、替代方案及其报价四部分组成，具体内容如下：

1）施工组织设计。标前施工组织设计的内容有主要施工方法、拟在该工程投入的施工机械设备情况、主要施工机械进场计划、劳动力安排计划、确保工程质量的技术组织措施、确保安全生产的技术组织措施、确保工期的技术组织措施、确保文明施工的技术组织措施等，并包括以下附表：

① 拟投入的主要施工机械设备表。
② 劳动力计划表。
③ 计划开、竣工日期和施工进度网络图。
④ 施工总平面布置图及临时用地表。

2）项目管理班子配备情况。项目管理班子配备情况主要包括项目经理简历表、项目技术负责人简历表和项目管理班子配备情况辅助说明等资料。

3）项目拟分包情况。
4）替代方案及其报价。

2. 投标文件的编制

我国各地的投标文件格式文本在形式上有所差异，但基本内容大体相同。下面以通用的投标文件格式文本为例，说明投标文件的编制方法。

（1）投标函的编写。投标函是投标文件的重要组成部分，投标人应按照格式文本，如实填写投标函、投标函附录，以及法定代表人资格证明书、投标文件签署授权委托书、投标担保等证明投标文件的法律效力和商业资信的文件。

投标函是承包商向发包方就标的发出的要约。投标函的格式文本通常对要约人的法律责任已经做了统一的规定，填写时投标人应对标价、工期、质量、履约担保、投标担保等作出具体明确的意思表示，加盖投标人单位公章，并由其法定代表人签字或盖章。

1）投标报价。简称标价，是投标函的核心内容。投标函填写的标价是投标人的正式报价，必须根据投标报价文件中的投标总价填写，同时填写文字金额和数字金额，并确保两者完全相符。

2）工期。投标函的工期内容包括开、竣工日期和总工期日历天数，必须满足招标文件对工期的要求，并与本投标文件技术标中施工进度计划的开、竣工日期和总工期日历天数相符。

3）履约担保。应按招标文件规定的数额填写，并与本投标函附件《投标保证金银行保函》的担保金额相符。

4）投标担保。必须按招标文件规定的担保方式和金额填写，并在递交投标文件时按承诺的方式和金额提供投标保证。

5）法定代表人资格证明书、投标文件签署授权委托书的填写。法定代表人资格证明书和投标文件签署授权委托书是证明投标人的合法性及商业资信的文件，必须按实填写。

（2）技术标的编制。对于大中型工程和结构复杂、技术要求高的工程来说，技术标往往是能否中标的决定性因素，其中最主要的是施工组织设计和项目经理（建造师）人选。

1）编制施工组织设计的具体要求。投标文件中的施工组织设计称为标前施工组织设计。标前施工组织设计可以比中标后编制的施工组织设计概略。编制的具体要求如下：

① 编制标前施工组织设计应采取文字与图表相结合的形式阐述说明各分部分项工程的施工方法，以及施工机械设备、劳动力和材料采购、运输、使用等的计划安排。

② 结合招标工程特点提出切实可行的保证工程质量、安全生产、文明施工、工程进度的技术组织措施。

③ 必须对关键工序、复杂环节等重点提出相应的技术措施。例如冬雨期施工技术措施、降低噪声和环境污染的技术措施、地下管线及其他相邻设施的保护加固措施等。

④ 按照施工组织设计的内容，填写招标文件指定的技术标的图表。

2）项目管理班子配备情况的编制。项目管理班子配备情况可用下列表格和资料来说明：

① 项目管理班子配备情况表。项目管理班子的配备，应根据工程大小和现场管理上的需要确定，大中型工程的项目经理部通常配备项目经理、技术负责人、施工员、材料员、质量员、安全员，以及泥工、木工和钢筋翻样等技术岗位人员。投标人只要将配备人员的名单及其基本情况按规定表格格式如实填写即可。

② 项目经理简历表。项目经理人选对投标人能否中标的影响较大，投标人应根据招标工程的特点和投标策略选派得力的项目经理，然后按规定格式如实填写表格。

③ 项目技术负责人简历表。投标人应根据招标工程的技术特点选派合适的技术负责人，并按规定格式如实填写表格。

④ 项目管理班子配备情况辅助说明资料。本资料由投标人自行设计填报的格式，主要填报下列内容：

a. 管理班子的机构设置及职责分工。

b. 项目班子主要成员执业资格证书等的复印证明资料。

c. 投标人认为有必要提供的其他资料。

3）项目拟分包情况表。投标决策确定中标后拟将部分工程分包出去的，应按规定格式如实填表。如果不准备分包出去，则在规定表格中填上"无"。

4）替代方案及其相应的报价。招标人允许提交替代方案时，投标人可按多方案报价法提出替代方案及其相应的报价，作为投标文件的附录，供招标人考虑和选用。

（3）商务标的编制。

1）投标报价的组成。根据《建筑安装工程费用项目组成》（建标［2013］44号）的规定，建筑安装工程费用按照工程造价形成由分部分项工程费、措施项目费、其他项目费、规费、税金组成，分部分项工程费、措施项目费、其他项目费包含人工费、材料费、施工机具使用费、企业管理费和利润。

2）投标报价的程序。承包工程有总价合同、单价合同、成本加酬金合同等合同形式，不同合同形式的计算报价是有差别的。报价计算主要步骤如下：

① 研究招标文件。在招标文件研究过程中要注意发现互相矛盾和表述不清的问题等。对这些问题，应及时通过投标预备会或采用书面提问形式，请招标人给予解答。

② 现场调查。一般包括：自然地理条件；市场情况；施工条件；其他条件，包括交通运输条件、工地现场附近的治安情况等。

③ 编制施工组织设计。

④ 计算或复核工程量。

⑤ 确定工、料、机单价。

⑥ 计算工程总价。综合分部分项工程费、措施项目费、其他项目费、规费、税金、风险费用形成工程总价。

⑦ 审核工程总价。可以包括：单位工程造价；全员劳动生产率；单位工程消耗指标；分项工程造价比例；各类费用的比例；预测成本比较。

⑧ 确定报价策略和投标技巧。根据投标目标、项目特点、竞争形势等，在采用前述的报价决策的基础上，具体确定报价策略和投标技巧。

⑨ 最终确定投标报价。根据已确定的报价策略和投标技巧对估算造价进行调整，最终确定投标报价。

【知识链接】 不同投标人委托同一单位或者个人办理投标事宜、投标人之间协商投标报价等投标文件的实质性内容属于串标。

【应用案例】 原告：某市某路桥工程公司

知识链接 关于是否取消第一候选人资格的案例分析

被告：某交通运输局

2017年9月1日，被告某交通运输局经过调查，向原告某市路桥工程公司作出《违法行为通知书》，认为原告于2016年7月在某公路改建工程投标过程中，涉嫌串通投标行为，并告知了原告享有陈述、申辩、听证等权利。2017年9月11日，原告向被告申请现场听证。2017年11月27日至29日，被告根据听证会形成《听证报告书》，并经过集体讨论后，于同年11月30日，向原告作出《行政处罚决定书》。认为原告于2016年7月在某公路改建工程项目投标过程中，存在以下违法行为：

（1）收取了串标团伙提供的资料费及保证金利息6.4万元，并使用了串标团伙提供的报价。

（2）与某路桥有限责任公司等4家单位上传投标文件的IP地址和时间段一致。

（3）与某路桥工程有限公司同时委托某人负责投标事宜。

串通投标行为有询问笔录、施工合同、协议书、IP地址证明书、授权委托书、开标现场签到表等证据证实。依据《招标投标法》第五十三条的规定，决定对原告处以657771元罚款；对原告单位直接负责的主管人员田某处以39466元罚款；对直接责任人曹某处以39466元罚款。该《行政处罚决定书》于2017年12月10日向原告送达。2017年12月29日，原告向被告缴纳罚款。

2017年12月26日，原告向本院提起行政诉讼，要求撤销该《行政处罚决定书》。

请谈谈对此案的看法。

【思考与讨论】 备注说明：本栏目为小组学习任务，教师将根据各小组研讨记录及组长评价，计入平时成绩。

（1）如何理解招标投标是市场经济条件下建设市场的主要交易方式？我国作为社会主义国家，其市场经济及招标投标有何特点？

（2）如何理解建设工程项目招标投标活动的诚实信用原则？并讨论分析执行此原则有什么现实意义。

（3）讨论分析我国关于"必须招标的范围与规模标准"规定的现实意义。

（4）我国为什么规定招标的基本条件？实务中为什么委托招标成为招标组织的主要形式？

【实训与课业】 备注说明：本栏目为小组学习任务，由学生课后自由完成（教师将在课程结束时，根据各小组提交的资料作为平时成绩加分项目）；通过模拟在真实招标投标情境中，实践完成各项工作任务，使学习者初步具备从事招标代理机构招标师助理、建筑业施工企业经营部门的相关岗位工作能力。

（1）由学习者扮演招标人（或招标代理机构）的角色编制招标方案。

（2）由学习者扮演招标人（或招标代理机构）的角色编制工程施工招标公告。

（3）由学习者扮演招标人（或招标代理机构）的角色编制工程施工招标文件。

（4）由学习者扮演投标人的角色编制工程施工投标文件。

（5）由学习者分别扮演招标人（或招标代理机构）、投标人的角色完成开标、评标和中标的相关工作。

自　测　题

一、单项选择题

1. 工程招标投标，是（　　）的产物。

　　A. 市场经济　　　　B. 计划经济　　　　C. 改革开放　　　　D. 社会发展

2. 在工程招标投标过程中，（　　）是要约，（　　）是承诺。

　　A. 招标文件　　　　B. 投标文件　　　　C. 招标公告

　　D. 中标通知书　　　E. 评标报告

3. 遵循（　　）原则，可以使每个投标人及时获得有关信息，保证招标活动的广泛性、竞争性。

　　A. 公平　　　　　　B. 公开　　　　　　C. 公正　　　　　　D. 诚实信用

4. （　　）负责指导和协调全国招标投标工作，对国家重大建设项目的工程招标投标活动实施监督检查。

　　A. 国务院发展和改革委员会

　　B. 国务院住房和城乡建设部

　　C. 国务院各部委按照项目归口分别负责

　　D. 各省、自治区、直辖市人民政府按照属地原则分别负责

5. 依法必须进行招标的项目而不招标的，将必须进行招标的项目化整为零或者以其他任何方式规避招标的，有关行政监督部门责令（　　）限期改正，可以处项目合同金额0.5%以上1%以下的罚款；对全部或者部分使用国有资金的项目，项目审批部门可以暂停项目执行或者暂停资金拨付；对单位直接负责的主管人员和其他直接负责人员依法给予处分。

A. 投标人　　　　　B. 招标代理机构　　　C. 招标人　　　　　D. 项目经理

6. 根据《招标投标法》的规定，两个以上法人或其他组织签订共同投标协议，以一个投标人的身份共同投标是（　　）。

A. 联合体投标　　　B. 共同投标　　　　C. 合作投标　　　　D. 协作投标

7. 某电力大厦装饰装修工程项目进行公开招标，需要进行以下工作内容：①答疑和现场踏勘。②发出中标通知书。③开标会议。④发布资格预审公告。⑤评标专家确定中标人。⑥出售招标文件。⑦资格预审。正确的顺序是（　　）。

A. ④—①—⑥—⑦—③—⑤—②

B. ④—⑦—⑥—①—③—⑤—②

C. ④—⑥—①—③—⑦—⑤—②

D. ④—⑥—⑦—①—③—⑤—②

8. 评标专家委员会成员，在评标过程中（　　）。

A. 有权自行决定所采用的评标方法

B. 设有标底的，应当依据标底进行评标

C. 必须按照招标文件规定的评标标准和方法进行评标

D. 应当优先采用综合评估法

9. 资格审查分为资格预审和资格后审，一般使用的资格审查方法是（　　）。

A. 合格制　　　　　　　　　　　　　B. 资格预审

C. 资格后审　　　　　　　　　　　　D. 有限数量制

10. 某招标文件中确定的开标时间是7月1日，投标有效期是3个月，某投标人于6月15日提交投标书和投标保证金，则该投标保证金的有效期应至（　　）。

A. 9月30日　　　B. 9月15日　　　C. 10月15日　　　D. 10月30日

11. 提交投标文件的投标人少于（　　）个的，招标人应当依法重新招标。

A. 2　　　　　　　B. 3　　　　　　　C. 4　　　　　　　D. 5

12. 根据《招标投标法》规定，招标人需要对发出的招标文件进行澄清或修改时，应当在招标文件要求提交投标文件的截止时间至少（　　）天前，以书面形式通知所有招标文件收受人。

A. 10　　　　　　B. 15　　　　　　C. 20　　　　　　D. 30

13. 甲、乙工程承包单位组成施工联合体参与某项目的投标，中标后联合体接到中标通知书，但尚未与招标人签订合同，联合体投标时提交了5万元投标保证金。此时，两家单位认为该项目盈利太少，于是放弃该项目，对此《招标投标法》的相关规定是（　　）。

A. 5万元投标保证金不予退还

B. 5万元投标保证金可以退还一半

C. 若未给招标人造成损失，投标保证金可以退还

D. 若未给招标人造成损失，投标保证金可以退还一半

14. 下列选项中不符合《招标投标法》关于联合体各方资格的规定的是（　　）。

A. 联合体各方均应当具备承担招标项目的相应能力

B. 招标文件对投标人资格条件有规定的，联合体各方均应当具备规定的相应资格条件

C. 有同一专业的单位组成的联合体，按照资质等级较低的单位确定资质等级

D. 有同一专业的单位组成的联合体，按照资质等级较高的单位确定资质等级

15. 联合体中标的，联合体各方应当（　　）。
A. 共同与招标人签订合同，就中标项目向招标人承担连带责任
B. 分别与招标人签订合同，但就中标项目向招标人承担连带责任
C. 共同与招标人签订合同，但就中标项目各自独立向招标人承担责任
D. 分别与招标人签订合同，就中标项目各自独立向招标人承担责任

16. 下列选项中，（　　）不是关于投标的禁止性规定。
A. 投标人以低于成本的报价竞标
B. 招标者预先内定中标者，在确定中标者时以此决定取舍
C. 投标人以高于成本的报价竞标
D. 投标者之间进行内部竞价，内定中标人，然后再参加竞标

17. 可以由招标人依法直接确定评标专家的特殊招标项目不包括（　　）。
A. 技术特别复杂、专业要求特别高的项目
B. 国家有特殊要求的招标项目
C. 时间不允许随机抽取评标专家的项目
D. 随机抽取的专家难以胜任的项目

二、多项选择题

1. 我国实施工程招标投标的重要意义，包括（　　）。
A. 有利于降低工程建设项目成本，优化社会资源的配置，规范市场交易的法律程序
B. 有利于合理确定工程建设项目价格，提高固定资产投资效益
C. 有利于加强国际经济技术合作，促进经济发展
D. 有利于回避、推卸责任，减少腐败
E. 有利于提升承包方核心竞争力，促进工程建设水平

2. 《招标投标法》第五条明确规定，招标投标活动应当遵循（　　）的原则。
A. 公开　　　　　　B. 公平　　　　　　C. 公正
D. 自由　　　　　　E. 诚实信用

3. 下列情况中必须公开招标的有（　　）。
A. 民营企业：厂房 1000 万元（全部自有资金）（部分国债）
B. 民营企业：桥梁 500 万元（全部自有资金）
C. 民营企业：办公大楼 600 万元（全部自有资金）
D. 国有发电厂：办公大楼 800 万元（全部自有资金）
E. 某公办学校：教学楼 6000 万元（全部自有资金）

4. 招标的组织形式，包括（　　）。
A. 自行招标　　　　B. 委托招标　　　　C. 公开招标
D. 邀请招标　　　　E. 议标

5. 以下关于联合体投标的描述，正确的有（　　）。
A. 联合体投标，招标人必须无条件接受
B. 联合体各方均应当具备承担招标项目的相应能力及规定的资格条件
C. 由同一专业的单位组成的联合体，按照资质等级较高的单位确定资质等级

D. 联合体各方就招标项目承担连带责任

E. 联合体各方同时也可以以自己的名义单独投标

6.《招标投标法实施条例》规定，国有资金占控股或者主导地位依法必须进行招标的项目，应当公开招标；但有下列（　　）情形之一的，可以邀请招标，但仍需要依法获得批准。

A. 技术复杂、有特殊要求或者受自然环境限制，只有少量潜在投标人可供选择

B. 涉及国家安全和国家秘密，适宜招标但不宜公开招标

C. 采用公开招标方式的费用占项目合同金额的比例过大

D. 工期紧，需要缩短招标投标时间

E. 涉及抢险救灾，适宜招标但不宜公开招标

7.《工程建设项目施工招标投标办法》第四十六条规定，下列行为属于投标人串通投标报价的有（　　）。

A. 投标人之间相互约定抬高或降低投标报价

B. 投标人之间相互约定，在招标项目中分别以高、中、低价位报价

C. 投标人以向招标人或者评标委员会成员行贿的手段谋取中标

D. 投标人之间先进行内部竞价，内定中标人，然后再参加投标

E. 投标人之间其他串通投标报价行为

8. 招标投标行政监督的对象有（　　）。

A. 招标人

B. 投标人

C. 招标代理机构及有关责任人员

D. 住房和城乡建设部

E. 评标委员会成员

9. 以下（　　）情形，属于不平衡报价法范畴。

A. 对能早期结账收回工程款的项目（如土方、基础等）的单价可报以较高价，以利于资金周转

B. 准备"两个报价"，并阐明按原合同要求规定，投标报价为某一数值；倘若合同要求进行某些修改，则投标报价为另一数值

C. 经过工程量复核，估计今后工程量会增加的项目，其单价可提高

D. 没有工程量而只填报单价的项目，其单价宜高

E. 对于允许价格调整的工程，当银行利率低于物价上涨幅度时，则后期施工的项目的单价报价高；反之，报价低

10. 施工投标文件编制包括的内容有（　　）。

A. 投标保证金　　　B. 工程量清单　　　C. 施工组织设计

D. 投标函　　　　　E. 投标须知

11. 在确定中标人前，招标人不得与投标人就（　　）等实质性内容进行谈判。

A. 投标价格　　　　B. 评标标准　　　　C. 开标方式

D. 投标方案　　　　E. 签订合同时间

12. 下列属于投标人工作内容的有（　　）。
A. 进行资格审查
B. 确定投标报价
C. 编制施工方案
D. 评标
E. 进行投标决策

13. 建设工程招标文件的组成内容有（　　）。
A. 招标公告　　　　B. 招标须知前附表　　　C. 投标文件格式
D. 评标办法　　　　E. 评标报告

14. 施工合同采用国标工程量清单招标，（　　）是相关的必要条件。
A. 工程建设资金已经落实
B. 主要设计施工图已经形成成果文件
C. 主要工程材料已明确采购源
D. 招标代理合同已签订
E. 施工措施方案已经审批

单元三

合同的法律基础

单元导读

合同作为合同当事人之间约定的规则,是建立在合同法定规则的基础之上的。学习合同的法律基础,对于构建坚实的合同管理工作有着至关重要的作用。合同的法律基础对应的相关法律法规,发展到现阶段,是2021年1月1日起施行的《民法典》相关内容(主要包括第一编总则和第三编合同内容)。

学习目标

1. 了解合同与合同法律关系、合同的分类,熟悉合同的形式与内容
2. 掌握合同订立的过程及合同有效的法律要件和效力,区分合同成立与生效
3. 熟悉合同履行的原则及合同的担保方式
4. 熟悉合同的变更、转让及终止的法律规定
5. 熟悉违约责任的条件和原则,掌握承担违约责任的方式

课程思政

以了解"社会主义市场经济"为主线,以市场主人身份体验与讨论,"合同的本质及其平等、自愿原则""公平、诚信、守法原则""不得违背公序良俗、有利于节约资源、保护生态环境、适用习惯等原则";采用"教师引导、学生体验与讨论"的教学方法,将规则意识、诚实守信、绿色环保融入其中,将爱国、立志为中华民族伟大复兴而学而做融于教学全过程。

学习任务

1. 工程合同确定了当事人双方在建设工程项目建设和相关交易过程中的权利义务和责任关系,合同中的每项条款都与双方的利益相关,在合同签订前,如何对合同文件进行全面分析,针对分析的结果提出什么样的对策?

2. 在合同履约过程中,实际情况千变万化,将导致合同实施与预定目标不一致,如果不采取措施,这种偏差将会由小到大逐渐积累,如何在合同履约过程中进行跟踪,对偏差进

行分析？如何采取措施加以调整，即如何进行合同管理？

📖 **导学案例**

某学校与某建筑公司签订了一份教学楼施工合同，请思考：本案例中建设工程法律关系的三要素分别是什么。

3.1 合同概述

3.1.1 合同与合同法律关系

合同又称为契约，是民事主体之间设立、变更、终止民事法律关系的协议。民事主体是指平等主体的自然人、法人和其他组织。

法律关系是指由法律规范产生和调整的，以主体之间的权利和义务关系的形式表现出来的特殊的社会关系。

合同法律关系是法律关系体系中的一个重要组成部分，是指由合同法律规范所调整的，在民事流转过程中所产生的权利义务关系。合同法律关系包括法律关系主体（简称主体）、法律关系客体（简称客体）以及法律关系内容（简称内容）三要素。这三要素构成了合同法律关系，缺少其中任何一个要素都不能构成合同法律关系，改变其中任何一个要素就改变了原来设定的合同法律关系。

1. 合同法律关系主体

合同法律关系主体是参加合同法律关系，享有相应权利、承担相应义务的自然人、法人和非法人组织，为合同当事人。

（1）自然人。自然人是指基于出生而成为民事法律关系主体的有生命的人，自然人作为合同法律关系的主体应当具有相应的民事权利能力和民事行为能力。自然人从出生时起到死亡时止，具有民事权利能力，依法享有民事权利，承担民事义务。

知识链接　关于民事行为能力

【特别提示】　只有具备相应民事权利能力和民事行为能力的自然人才具备合同法律关系主体资格。

（2）法人。法人是具有民事权利能力和民事行为能力，依法独立享有民事权利和承担民事义务的组织。法人包括营利法人、非营利法人和特别法人，法人应当依法成立，有自己的名称、组织机构、住所、财产或者经费，以其全部财产独立承担民事责任。法人的法定代表人是自然人，依照法律或者法人章程的规定，代表法人行使职权。

（3）非法人组织。非法人组织是不具有法人资格，但是能够依法依自己的名义从事民事活动的组织。非法人组织包括个人独资企业、合伙企业、不具有法人资格的专业服务机构等。非法人组织的财产不足以清偿债务的，其出资人或者设立人承担无限责任。非法人组织可以确定一人或者数人代表该组织从事民事活动。

2. 合同法律关系客体

合同法律关系客体又称为合同的标的，是签约人权利和义务共同所指的对象，包括物、财、行为和智力成果等。它是将法律关系主体之间的权利与义务联系在一起的中介，没有法律关系的客体作为中介,就不可能形成法律关系。

(1) 物、财。法律意义上的物是指可为人们控制并具有经济价值的生产资料和消费资料,可以分为动产和不动产、流通物与限制流通物、特定物与种类物等。如建筑材料、建筑设备、建筑物等都可能成为合同法律关系的客体。货币作为一般等价物也是法律意义上的物,可以作为合同法律关系的客体,如借款合同等。

(2) 行为。法律意义上的行为是指人的有意识的活动。在合同法律关系中,行为多表现为完成一定的工作,如勘察设计、施工安装等,这些行为都可以成为合同法律关系的客体。行为也可以表现为提供一定的劳务,如绑扎钢筋、土方开挖、抹灰等。

(3) 智力成果。智力成果是通过人的智力活动所创造出的精神成果,包括知识产权、技术秘密及在特定情况下的公知技术,如专利权、工程设计等,都有可能成为合同法律关系的客体。

3. 合同法律关系内容

合同法律关系内容是指合同约定和法律规定的权利和义务。合同法律关系的内容是合同的具体要求,决定了合同法律关系的性质,它是连接主体的纽带。

(1) 权利。权利是指合同法律关系主体在法定范围内,按照合同的约定有权按照自己的意志作出某种行为。权利主体也可以要求义务主体作出一定的行为或不作出一定的行为,以实现自己的有关权利。当权利受到侵害时,有权得到法律保护。

(2) 义务。义务是指合同法律关系主体必须按法律规定或约定承担相应的责任。义务和权利是相互对应的,相应主体应自觉履行相对应的义务。否则,义务人应承担相应的法律责任。

为了满足我国市场经济的需要,2020年5月28日第十三届全国人民代表大会第三次会议通过了《民法典》,于2021年1月1日起施行。

此外,在《民法典》第三编第一分编通则中明确规定,婚姻、收养、监护等有关身份关系的协议,适用有关该身份关系的法律规定;没有规定的,可以根据其性质参照适用本编规定。

3.1.2 合同的形式与内容

1. 合同的形式

合同的形式,是合同当事人双方对合同的内容经过协商达成协议的具体表现形式,是合同内容的载体。合同的形式有书面形式、口头形式和其他形式。

(1) 书面形式。书面形式的合同,是指合同书、信件和数据电文(包括电报、电传、传真、电子数据交换和电子邮件)等可以有形地表现所载内容的形式。书面形式的合同作为当事人双方履行合同的依据,其优点在于便于检查、管理和监督,有利于双方依约履行。如果发生合同争议,便于举证和确定责任。书面形式是最常用,也是最重要的合同形式之一。

(2) 口头形式。口头形式的合同,是指当事人以口头语言的意思达成协议。口头形式的合同简便易行,缔约迅速,但在发生合同纠纷时,难以举证,不易分清责任。因此,常用于即时清结的合同。

(3) 其他形式。其他形式的合同,是指以当事人的行为或者特定情形推定成立的合同。当然,其他形式的合同应当具有能够反映或者证明合同关系的客观事实或证据,确立当事人之间的权利义务关系。

2. 合同的内容

合同的内容由当事人约定，这是合同自由的重要体现，一般包括下列条款：

（1）当事人的名称或者姓名和住所。当事人即合同主体包括自然人、法人和其他组织。当事人订立合同，应当具有相应的民事权利能力和民事行为能力。当事人的名称或者姓名，是指法人或其他组织的名称、自然人的姓名；住所，是指它们的主要办事机构所在地。这是有关合同当事人的条款，通过这一条款，可以将合同特定化，明确合同权利义务的享有者和承担者。而当事人住所的确定，有利于当事人履行合同，也便于明确地域管辖。

（2）标的。标的，是指合同当事人双方权利和义务共同指向的对象，即合同法律关系的客体。标的表现形式为物、劳务、行为、智力成果、工程项目等。

标的是合同的核心，是合同当事人权利和义务的焦点，体现着当事人订立合同的目的，也是产生当事人权利和义务的依据。尽管双方当事人签订合同的主观意向各不相同，但最后必须集中在一个标的上。如果没有标的或标的不明确，双方当事人的权利和义务就无所指向，合同也就无法履行。

（3）数量。数量即标的的数量，是以数字或计量单位来衡量标的的尺度。它把标的定量化，以便确定当事人双方之间的权利和义务的量化指标，从而计算价款或报酬。标的的数量必须使用国家法定计量单位，做到计量标准化、规范化。

（4）质量。质量即标的的质量，是标的的内在品质和外观形态的综合指标，是产品或行为等的优劣程度的体现。合同对于质量标准的约定应当是明确而具体的，对于技术上较为复杂和容易引起歧义的词语、标准，应当加以说明和解释，对于强制性标准，当事人必须执行，合同约定的质量不得低于该强制性标准。对于推荐性标准，国家鼓励采用。

（5）价款或者报酬。价款，通常是指当事人一方为取得对方出让的标的物而支付给对方一定数额的货币；报酬，通常是指当事人一方为对方提供劳务、服务等，从而向对方收取一定数额的酬金。两者都是当事人一方为对方完成合同义务进行的补偿。标的物的价款由当事人双方协商，但必须符合国家的物价政策，劳务酬金也是如此。

（6）履行期限、地点和方式。履行期限，是指当事人双方依照合同规定全面完成各自义务的时间，也是当事人主张合同权利的时间依据；履行地点，是指当事人交付标的和支付价款或酬金的地点；履行方式，是指当事人完成合同规定义务的具体方法，包括标的的支付方式和价款或酬金的结算方式。

履行期限和履行地点是合同中的重要条款，合同必须写明具体的履行起止日期和履行地点，避免因履行期限或地点不明而产生纠纷。如果合同当事人在合同中没有约定履行期限或地点，只能按有关规定处理。

（7）违约责任。违约责任，是指当事人一方或双方，不履行合同或不完全履行合同义务时，按照法律规定或合同约定应当承担的责任。违约责任包括支付违约金、偿付赔偿金以及发生意外事故的处理等其他责任。违约责任是一项十分重要的合同条款，它对当事人正常履行合同具有法律保障作用。当事人签订合同时，如果没有规定违约责任，则合同对双方难以形成约束力，主管机关应不予登记，公证机构不予公证。

合同的违约责任条款，当事人可依据法律规定或自行约定一定数额的违约金或者违约损害赔偿的计算方法，但约定的内容必须合法。

（8）解决争议的方法。在合同履行过程中，由于主观或客观的原因，当事人双方可能会对合同履行的情况或者合同履行的后果产生争议，为使争议产生后能够有一个双方都能接受的解决办法，应当在合同中对此作出规定。解决争议的方法，是指合同当事人选择解决合同争议的方式、地点等。根据我国法律规定，解决争议的方法有和解、调解、仲裁和诉讼四种，其中仲裁和诉讼是最终解决争议的两种不同方法，而且合同当事人只能选择其一，即"或裁或诉"。

如果当事人希望通过仲裁最终解决争议，则必须在合同中约定仲裁条款，因为仲裁是以自愿为原则的。

合同的内容除了合同的主要条款外，还包括一些普通条款，当事人可以根据法律规定和合同性质与内容的需要协商确定。

3.1.3 合同的分类

《民法典》第三编第二分编典型合同将合同分为19类：买卖合同；供用电、水、气、热力合同；赠与合同；借款合同；保证合同；租赁合同；融资租赁合同；保理合同；承揽合同；建设工程合同；运输合同；技术合同；保管合同；仓储合同；委托合同；物业服务合同；行纪合同；中介合同；合伙合同。上述分类可以认为是对合同的基本分类，并对每一类合同都作了较为详细的规定。这19类合同称为有名合同，又称为典型合同，其他有名合同以外的、尚未统一确定一定名称的合同称为无名合同。

此外，还有很多分类，下面列举几种常见的分类：

1. 计划合同与非计划合同

计划合同是依据国家有关计划签订的合同；非计划合同则是当事人根据市场需求和自己的意愿订立的合同。虽然在市场经济中，依计划订立合同的比重降低了，但仍然有一部分合同是依据国家有关计划订立的。对于计划合同，有关法人、其他组织之间应当依照有关法律、行政法规规定的权利和义务订立。

2. 双务合同与单务合同

双务合同是指当事人双方相互享有相应债权和承担对待给付义务的合同。大多数合同都是双务合同，如买卖合同、建设工程合同。单务合同是指只有一方当事人承担给付义务的合同，如赠与合同、借用合同等。

区分双务合同与单务合同的主要意义在于以下几点：

（1）是否适用合同履行抗辩权不同。合同履行抗辩权的成立以合同双方存在对待给付义务为前提，因而只有双务合同中存在合同履行抗辩权，单务合同不适用这一规则。

（2）风险负担不同。双务合同中，双方的权利义务互为依存，互为条件，如果一方因不可抗力致使不能履行合同的，双方应根据有关规定或者惯例负担风险；而在单务合同中，合同履行中如果一方因不可抗力致使不能履行合同的，风险一律由债务人负担。

（3）因一方过错致使合同不能履行的后果不同。在双务合同中，如果非违约方已履行合同，可以要求违约方履行合同或者承担其他违约责任，甚至可以解除合同；而单务合同不发生上述后果。

3. 诺成合同与实践合同（要物合同）

诺成合同是指当事人意思表示一致即可成立并生效的合同。实践合同则是指要求在当事人意思表示一致的基础上，还必须交付标的物或者履行其他给付义务才能生效的合同。这种合同分类的意义在于合同成立生效的要件不同。诺成合同自当事人意思表示一致时即告成立，而实践合同则除当事人达成合同之外，尚需交付标的物或者履行其他给付义务才能成立和生效。在现代经济生活中，大多数合同都是诺成合同，如建设工程合同、贷款合同等。实践合同仅限于法律规定的少数几种合同，如保管合同、自然人之间的借款合同等。

4. 主合同与从合同

主合同是指不依赖其他合同而独立存在的合同。从合同是指以其他合同的存在为其存在前提的合同。例如，借款合同与为之担保的保证合同，前者为主合同，后者为从合同。

主合同与从合同的区分，其主要意义在于认识二者在效力上的关联性和从合同的从属性，即从合同不能独立存在，而必须以主合同的有效成立为其成立和生效的前提，主合同无效、终止将导致从合同的无效、终止。主合同转让，从合同一般也随之转让，从合同不能脱离主合同而独立存在。担保合同是典型的从合同。

5. 有偿合同与无偿合同

有偿合同是指当事人双方任何一方均须向对方偿付相应代价方能取得合同规定权益的合同。有偿合同是商品交易中最典型的法律形式，实践中常见的买卖、租赁、运输、承揽等合同，均属于有偿合同。无偿合同是指当事人一方取得合同规定的权益，无须向对方偿付相应代价的合同。无偿合同不是典型的交易形式，实践中主要有赠与合同、借用合同、无偿保管合同等。在市场经济中，绝大部分合同都是有偿合同。

区分有偿合同与无偿合同的意义在于以下几点：

（1）可以确定某些合同的性质。有些合同只能是有偿的，如买卖合同、租赁合同；而有些合同只能是无偿的，如赠与合同。如果变有偿为无偿，则合同的性质将发生变化。

（2）对当事人注意程度的要求不同。在无偿合同中，利益出让人原则上只承担较低程度的注意义务，如无偿保管合同中，保管人因过失造成保管物毁损灭失的，应酌情减轻责任；在有偿合同中，当事人所承担的注意义务较重，如在有偿保管合同中，保管人因过失造成保管物毁损灭失的，应依照合同负全部赔偿责任。

（3）对当事人行为能力的要求不同。订立有偿合同的当事人原则上应具有完全民事行为能力；而对于一些纯获利性质的无偿合同，如接受赠与等，限制行为能力甚至无行为能力人也具有缔结能力。

6. 要式合同与不要式合同

法律要求必须采用特定形式和履行必要手续的合同，称为要式合同。反之，法律不要求具备特定形式和履行必要手续的合同，称为不要式合同。区分要式合同与不要式合同的主要意义在于，某些法律和行政法规对合同形式的要求可能成为影响合同效力的因素。

3.1.4 代理制度

民事主体可以通过代理人实施民事法律行为。依照法律规定、当事人约定或者民事法律行为的性质，应当由本人亲自实施的民事法律行为，不得代理。代理人在代理权限内，以被代理人名义实施的民事法律行为，对被代理人发生效力。代理人不履行或者不完全履行职责，造成被代理人损害的，应当承担民事责任。代理人和相对人恶意串通，损害被代理人合法权益的，代理人和相对人应当承担连带责任。

知识链接　关于连带责任

1. 代理的法律特征

（1）代理人必须在代理权限范围内实施代理行为。代理人实施代理活动的直接依据是代理权。因此，代理人必须在代理权限范围内与第三人或相对人实施代理行为。

代理人实施代理行为时有独立进行意思表示的权利。代理制度的存在，正是为了弥补一些民事主体没有资格、精力和能力去处理有关事务的缺陷。如果仅是代为传达当事人的意思表示或接受意思表示，而没有任何独立决定意思表示的权利，则不是代理，只能视为传达意思表示的使者。

（2）代理人一般应该以被代理人的名义实施代理行为。代理人在代理权限内，以被代理人名义实施的民事法律行为，对被代理人发生效力。

（3）代理行为必须是具有法律意义的行为。代理人为被代理人实施的是能够产生法律上的权利义务关系，产生法律后果的行为。如果是代理人请朋友吃饭、聚会等，不能产生权利义务关系，就不是代理行为。

（4）代理行为的法律后果归属于被代理人。代理人在代理权限内，以被代理人的名义同相对人进行的具有法律意义的行为，在法律上产生与被代理人自己的行为同样的后果。因而，被代理人对代理人的代理行为承担民事责任。

2. 代理的种类

代理包括委托代理和法定代理。

（1）委托代理。委托代理是指按照被代理人的委托行使代理权。委托代理授权采用书面形式的，授权委托书应当载明代理人的姓名或者名称、代理事项、权限和期间，并由被代理人签名或者盖章。数人为同一代理事项的代理人的，应当共同行使代理权，但是当事人另有约定的除外。代理人知道或者应当知道代理事项违法仍然实施代理行为，或者被代理人知道或者应当知道代理人的代理行为违法未作反对表示的，被代理人和代理人应当承担连带责任。

（2）法定代理。法定代理是指根据法律的规定而发生的代理。例如，无民事行为能力人、限制民事行为能力人的监护人是其法定代理人。

3. 建设工程代理行为的设立

建设工程活动的代理行为不仅要依法实施，有些还要受到法律的限制。

（1）不得委托代理的建设工程活动。依照法律规定、当事人约定或者民事法律行为的性质，应该由本人亲自实施的民事法律行为，不得代理。《建筑法》规定，禁止承包单位将其承包的全部建筑工程转包给他人，禁止承包单位将其承包的全部建筑工程肢解以后以分包的名义分别转包给他人。实行施工总承包的，建筑工程主体结构的施工必须由总承包单位自行完成。

（2）一般代理行为无法定的资格要求。一般的代理行为可以由自然人、法人担任代理人，对其资格并无法定的严格要求。即使是诉讼代理人，也不要求必须由具有律师资格的人担任。

（3）民事法律行为的委托代理。建设工程代理行为多为民事法律行为的委托代理。民事法律行为的委托代理，可以用书面形式，也可以用口头形式。但是，法律规定用书面形式的，应当用书面形式。

4. 代理行为的终止

《民法典》规定，有下列情形之一的，委托代理终止：

（1）代理期间届满或代理事项完成。被代理人通常是授予代理人某一特定期间内的代理权，或者是某一项也可能是某几项特定事务的代理权，那么在这一期间届满或者被指定的代理事项全部完成，代理关系即告终止，代理行为也随之终止。

（2）被代理人取消委托或者代理人辞去委托。委托代理是被代理人基于对代理人的信任而授权其进行代理事务。法律规定被代理人有权根据自己的意愿单方取消委托，也允许代理人单方辞去委托，均不必以对方同意为前提，并以通知到对方时，代理权即行消灭。但是，单方取消或辞去委托可能会承担相应的民事责任。

（3）作为被代理人或者代理人的法人、非法人组织终止。在建设工程活动中，不管是被代理人还是代理人，任何一方的法人终止，代理关系均随之终止。因为，对方的主体资格已消灭，代理行为将无法继续，其法律后果也将无从承担。

5. 无权代理与表见代理

《民法典》规定，行为人没有代理权、超越代理权或者代理权终止后，仍然实施代理行为，未经被代理人追认的，对被代理人不发生效力。相对人可以催告被代理人自收到通知之日起三十日内予以追认。被代理人未作表示的，视为拒绝追认。行为人实施的行为被追认前，善意相对人有撤销的权利。撤销应当以通知的方式作出。

行为人实施的行为未被追认的，善意相对人有权请求行为人履行债务或者就其受到的损害请求行为人赔偿。但是，赔偿的范围不得超过被代理人追认时相对人所能获得的利益。相对人知道或者应当知道行为人无权代理的，相对人和行为人按照各自的过错承担责任。

（1）无权代理。无权代理是指行为人不具有代理权，以他人的名义与相对人实施法律行为。常见表现形式如下：

1）自始未经授权。如果行为人自始至终没有被授予代理权，就以他人的名义进行民事行为，属于无权代理。

2）超越代理权。代理权限是有范围的，超越了代理权限，依然属于无权代理。

3）代理权已终止。行为人虽曾得到被代理人的授权，但该代理权已经终止的，行为人如果仍以被代理人的名义进行民事行为，则属于无权代理。被代理人对无权代理人实施的行为如果予以追认，则无权代理可转化为有权代理，产生与有权代理相同的法律效力，并不会发生代理人的赔偿责任。如果被代理人不予追认的，对被代理人不发生效力，则无权代理人需承担因无权代理行为给被代理人和善意相对人造成的损失。

（2）表见代理。表见代理是指行为人虽无权代理，但由于行为人的某些行为，造成了足以使善意相对人相信其有代理权的表象，而与善意相对人进行的、由本人承担法律后果的代理行为。《民法典》规定，行为人没有代理权、超越代理权或者代理权终止后以被代理人名义订立合同，相对人有理由相信行为人有代理权的，该代理行为有效。

表见代理除需符合代理的一般条件外，还需具备以下特别构成要件：

1）须存在足以使相对人相信行为人具有代理权的事实或理由。这是构成表见代理的客观要件。它要求行为人与本人之间应存在某些事实上或法律上的联系，如行为人持有由本人发出的委任状、已加盖公章的空白合同书或者有显示本人向行为人授予代理权的通知函告等证明类文件。

2）须本人存在过失。其过失表现为本人表达了足以使相对人相信有授权意思的表示，或者实施了足以使相对人相信有授权意义的行为，发生了外表授权的事实。

3）须相对人为善意。这是构成表见代理的主观要件。如果相对人明知行为人无代理权而仍与之实施民事行为，则相对人为主观恶意，不构成表见代理。表见代理对本人产生有权代理的效力，即在相对人与本人之间产生民事法律关系。本人受表见代理人与相对人之间实施的法律行为的约束，享有该行为设定的权利和履行该行为约定的义务。本人不能以无权代理为抗辩。本人在承担表见代理行为所产生的责任后，可以向无权代理人追偿因代理行为而遭受的损失。

知道他人以本人名义实施民事行为不作否认表示的视为同意。本人知道他人以本人名义实施民事行为而不作否认表示的，视为同意，这是一种被称为默示方式的特殊授权。也就是说，即使本人没有授予他人代理权，但事后并未作否认的意思表示，应视为授予了代理权。由此，他人以其名义实施法律行为的后果应由本人承担。

3.1.5 诉讼时效制度

1. 诉讼时效的概念

诉讼时效，是能够引起民事法律关系发生变化的法律事实，是指权利人在一定期间内不行使权利，即在某种程度上丧失请求利益的时效制度。

超过诉讼时效期间，在法律上发生的效力是权利人的胜诉权消灭，即诉讼时效期间届满的，义务人可以提出不履行义务的抗辩。诉讼时效期间届满后，义务人同意履行的，不得以诉讼时效期间届满为由抗辩；义务人已经自愿履行的，不得请求返还。人民法院不得主动适用诉讼时效的规定。

2. 不适用诉讼时效规定的请求权

（1）加害人不断威胁受害人的人身安全和财务安全，受害人请求停止威胁。权利人使用自己的权利，受到他人的妨碍，权利人申请诉讼，法院可以强制排除妨碍，保护权利人的正当权益。这些权利属于人身权和物权范围，不属于债务请求权，所以不适用诉讼时效。

（2）权利人请求返还财产，不动产不需要登记，特殊动产要有登记，增强公信力，这项权利属于物权范围。一个不动产或者登记的特殊动产不管被他人占有多长时间，权利人都可以向法院提出诉讼申请，请求返还财产到自己的名义下，所以不适用诉讼时效。

（3）对于社会的弱势群体，支付抚养费、赡养费、扶养费的请求权是权利人的基本生存权利，出于对弱势群体的保护，虽然这项权利属于债务请求权，但不适用诉讼时效。

（4）还有不适用诉讼时效的其他请求权，人身权的请求、抗辩权、形成权。

（5）存款本息的请求权没有履行期限，这项权利关系到每位公民的财产安全，权利人可以随时请求银行兑换自己的存款。

（6）权利人购买国家或者金融机构的债券，类似储蓄的功能，债权人有权利要求债务机构兑换自己的投资。同样不适用诉讼时效。

（7）企业要进行正常的运作，必须有充足的资金储备。企业没有资金就无法进行外部活动和内部运营，无法作出民事责任的担保，因此企业缴纳资金的请求权则不适用诉讼时效。

（8）权利人的财产被他人违法侵占，权利人申请返还，如果无法实现，那么这部分财产就会成为无主财产，所以物权的请求权利不适用诉讼时效。

【特别提示】 以上不适用诉讼时效的规定，详见《民法典》及最高人民法院关于审理民事案件适用诉讼时效制度若干问题的规定。

3. 诉讼时效期间的种类

（1）普通诉讼时效。向人民法院请求保护民事权利的诉讼时效期间为三年。

（2）权利的最长保护期限。诉讼时效期间自权利人知道或应当知道权利受到损害以及义务人之日起计算。但是，从权利被侵害之日起超过二十年的，法院不予保护；有特殊情况的，人民法院可以根据权利人的申请决定延长。

4. 诉讼时效期间的起算

《民法典》规定，诉讼时效期间自权利人知道或者应当知道权利受到损害之日起计算。

（1）当事人约定同一债务分期履行的，诉讼时效期间从最后一期履行期限届满之日起计算。

（2）无民事行为能力人或者限制民事行为能力人对其法定代理人的请求权的诉讼时效期间，自该法定代理终止之日起计算。

（3）未成年人遭受性侵害的损害赔偿请求权的诉讼时效期间，自受害人年满十八周岁之日起计算。

5. 诉讼时效中止和中断

（1）诉讼时效中止。《民法典》规定，在诉讼时效期间的最后六个月内，因下列障碍，不能行使请求权的，诉讼时效中止：

1）不可抗力。

2）无民事行为能力人或者限制民事行为能力人没有法定代理人，或者法定代理人死亡、丧失民事行为能力、丧失代理权。

3）继承开始后未确定继承人或者遗产管理人。

4）权利人被义务人或者其他人控制。

5）其他导致权利人不能行使请求权的障碍。

自中止时效的原因消除之日起满六个月，诉讼时效期间届满。

根据上述规定，诉讼时效中止，应当同时满足两个条件：权利人由于不可抗力等其他障碍，不能行使请求权；导致权利人不能行使请求权的事由发生在诉讼时效期间的最后六个月内。

诉讼时效中止，即诉讼时效期间暂时停止计算。在导致诉讼时效中止的原因消除后，也就是权利人开始可以行使请求权时起，诉讼时效期间继续计算。

（2）诉讼时效中断。《民法典》规定，有下列情形之一的，诉讼时效中断，从中断、有关程序终结时起，诉讼时效期间重新计算：

1）权利人向义务人提出履行请求。

2）义务人同意履行义务。

3）权利人提起诉讼或者申请仲裁。

4）与提起诉讼或者申请仲裁具有同等效力的其他情形。

诉讼时效的期间、计算方法以及中止、中断的事由由法律规定，当事人约定无效。当事人对诉讼时效利益的预先放弃无效。法律对仲裁时效有规定的，依照其规定；没有规定的，适用诉讼时效的规定。

3.2 合同的订立与效力

3.2.1 合同的订立

合同的订立一般要经过要约和承诺两个阶段。《民法典》第三编第四百七十一条规定："当事人订立合同，可以采取要约、承诺方式或者其他方式。"合同需要当事人相互交换的意思表示，以求相互取得一致。订立合同的过程，就是双方当事人采用要约和承诺方式进行协商的过程。

1. 要约

《民法典》第三编第四百七十二条规定，要约是希望与他人订立合同的意思表示，该意思表示应当符合下列条件：

（1）内容具体确定。具体是指要约的内容须具有足以使合同成立的主要条款。如果没有包含合同的主要条款，受要约人难以作出承诺，即使作出了承诺，也会因为双方的这种合意不具备合同的主要条款而使合同不能成立。确定是指要约的内容须明确，不能含混不清，否则无法承诺。

（2）表明经受要约人承诺，要约人即受该意思表示的约束。要约具有订立合同的意图，表明一经受要约人承诺，要约人即受该意思表示的约束。要约作为希望与对方订立合同的一种意思表达，其内容已经包含了可以得到履行的合同成立所需要具备的基本条件。

1）要约的生效。要约到达受要约人时生效，要约生效的情形具体表现如下：

① 口头形式的要约自受要约人了解要约内容时发生效力。

② 书面形式的要约自到达受要约人时发生效力。

③ 采用数据电文形式的要约，若收件人指定特定系统接收数据电文的，则该数据电文进入该特定系统的时间，视为到达时间；若未指定特定系统，则该数据电文进入收件人的任何系统的首次时间，视为到达时间。

2）要约的撤回和撤销。要约可以撤回，撤回要约的通知应当在要约到达受要约人之前或者与要约同时到达受要约人。

要约可以撤销，撤销要约的通知应当在受要约人发出承诺通知之前到达受要约人。但有下列情形之一的，要约不可以撤销：

① 要约人以确定承诺期限或者其他形式明示要约不可撤销。

② 受要约人有理由认为要约是不可撤销的，并已经为履行合同做了合理准备工作。

3）要约的失效。《民法典》第三编第四百七十八条规定，有下列情形之一的，要约失效：

① 要约被拒绝。

② 要约被依法撤销。

③ 承诺期限届满，受要约人未作出承诺。

④ 受要约人对要约的内容作出实质性变更。

2. 承诺

《民法典》第三编第四百七十九条规定："承诺是受要约人同意要约的意思表示。"承诺应当以通知的方式作出，但是根据交易习惯或者要约表明可以通过行为作出承诺的除外。

承诺必须具备以下条件：承诺必须由受要约人向要约人作出；承诺应当在要约规定的期限内作出；承诺的内容应当与要约的内容一致；承诺的方式必须符合要约的要求。

（1）承诺的期限。承诺应当在要约确定的期限内到达要约人。要约没有确定承诺期限的，承诺应当依照下列规定到达：除非当事人另有约定，以对话方式作出的要约应当即时作出承诺；以非对话方式作出的要约，承诺应当在合理期限内到达。以信件或者电报作出的要约，承诺期限自信件载明的日期或者电报交发之日开始计算。信件未载明日期的，自投寄该信件的邮戳日期开始计算。要约以电话、传真等快速通信方式作出的，承诺期限自要约到达受要约人时开始计算。

（2）承诺的生效。承诺通知到达要约人时生效。承诺不需要通知的，根据交易习惯或者要约的要求作出承诺的行为时生效。采用数据电文形式订立合同的，承诺到达的时间适用于《民法典》第三编关于要约到达受要约人时间的规定。

（3）承诺的撤回。承诺可以撤回，撤回承诺的通知应当在承诺通知到达要约人之前或者与承诺通知同时到达要约人。但是承诺不可以撤销，因为承诺一旦到达要约人，合同就成立了，此时撤销承诺，就是违约。

（4）承诺的超期。受要约人超过承诺期限发出承诺的，除要约人及时通知受要约人该承诺有效的以外，为新要约。

（5）承诺的延误。受要约人在承诺期限内发出承诺按照通常情形能够及时到达要约人，但因其他原因承诺到达要约人时超过承诺期限的除要约人及时通知受要约人因承诺超过期限不接受该承诺的以外，该承诺有效。

（6）承诺的内容。承诺的内容应当与要约的内容一致。受要约人对要约的内容作出实质性变更的，为新要约。有关合同标的、数量、质量、价款或者报酬、履行期限、履行地点和方式、违约责任和解决争议方法等的变更，是对要约内容的实质性变更。

承诺对要约的内容作出非实质性变更的，除要约人及时表示反对或者要约表明承诺不得对要约的内容作出任何变更的以外，该承诺有效，合同的内容以承诺的内容为准。

3. 要约邀请

《民法典》第三编第四百七十三条规定："要约邀请是希望他人向自己发出要约的表示。"拍卖公告、招标公告、招股说明书、债券募集办法、基金招募说明书、商业广告和宣传、寄送的价目表等为要约邀请。商业广告和宣传的内容符合要约条件的，构成要约。

要约邀请可以是向特定人发出的，也可以是向不特定的人发出的。要约邀请只是邀请他人向自己发出要约，自己承诺才成立合同。因此，要约邀请处于合同的准备阶段，没有法律约束力。

【思考与讨论】 要约邀请、要约、新要约和承诺四者之间的区别与联系。

4. 缔约过失责任

缔约过失责任是指在合同缔结过程中，当事人一方或双方因自己的过失致使合同不成立、无效或被撤销，应对信赖其合同为有效成立的相对人赔偿基于此信赖而发生的损害。缔约过失责任既不同于违约责任，也有别于侵权责任，它是一种独立的责任。现实生活中确实存在由于过失给当事人造成损失，但合同尚未成立的情况。缔约过失责任的规定，能够解决这种情况的责任承担问题。

（1）缔约过失责任的构成。缔约过失责任是针对合同尚未成立应当承担的责任，其成立必须具备一定的要件：

知识链接　缔约过失责任

1）缔约一方有损失。损害事实是构成民事赔偿责任的首要条件，如果没有损害事实的存在，也就不存在损害赔偿责任。缔约过失责任的损失是一种信赖利益的损失，即缔约人信赖合同有效成立，但因法定事由发生，致使合同不成立、无效或被撤销等而造成的损失。

2）缔约当事人有过错。承担缔约过失责任一方应当有过错，包括故意行为或者过失行为导致的后果责任。这种过错主要表现为违反先合同义务。所谓"先合同义务"，是指自缔约人双方为签订合同而互相接触磋商开始，但合同尚未成立而产生的注意义务（或称附随义务），包括协助、通知、照顾、保护、保密等义务，它自要约生效开始产生。

3）合同尚未生效。这是缔约过失责任有别于违约责任的最重要原因之一。合同一旦生效，当事人应当承担的是违约责任或者合同无效的法律责任。

4）缔约当事人的过错行为与该损失之间有因果关系。即该损失是由违反先合同义务引起的。

（2）承担缔约过失责任的法定情形。当事人在订立合同过程中有下列情形之一，给对方造成损失的，应当承担损害赔偿责任：

1）假借订立合同，恶意进行磋商。

2）故意隐瞒与订立合同有关的重要事实或者提供虚假情况。

3）有其他违背诚实信用原则的行为。

4）保密义务。当事人在订立合同过程中知悉的商业秘密，无论合同是否成立，均不得泄露或者不正当地使用。泄露或者不正当地使用该商业秘密给对方造成损失的，应当承担损害赔偿责任。

5. 格式条款

格式条款是当事人为了重复使用而预先拟定，并在订立合同时未与对方协商的条款。

采用格式条款订立合同的，提供格式条款的一方应当遵循公平原则确定当事人之间的权利和义务，并采取合理的方式提示对方注意免除或者减轻其责任等与对方有重大利害关系的条款，按照对方的要求，对该条款予以说明。提供格式条款的一方未履行提示或者说明义务，致使对方没有注意或者理解与其有重大利害关系的条款的，对方可以主张该条款不成为合同的内容。

有下列情形之一的，该格式条款无效：

（1）具有《民法典》第一编第六章第三节民事法律行为的效力和第五百零六条规定的无效情形。

（2）提供格式条款一方不合理地免除或者减轻其责任、加重对方责任、限制对方主要权利。

（3）提供格式条款一方排除对方主要权利。

对格式条款的理解发生争议的，应当按照通常理解予以解释。对格式条款有两种以上解释的，应当作出不利于提供格式条款一方的解释。格式条款和非格式条款不一致的，应当采用非格式条款。

6. 合同示范文本

合同示范文本，是指由规定的国家机关事先拟定的对当事人订立合同起示范作用的合同文本。多年的实践表明，如果缺乏合同示范文本，一些当事人签订的合同不规范，条款不完备，漏洞较多，将给合同履行带来很大困难，不仅影响合同履约率，还将导致合同纠纷增多，解决纠纷的难度增大。

国务院建设行政主管部门和国务院工商行政管理部门，相继制定了《建设工程勘察合同（示范文本）》《建设工程设计合同（示范文本）》《建设工程委托监理合同（示范文本）》《建设工程施工合同（示范文本）》《建设工程施工专业分包合同（示范文本）》《建设工程施工劳务分包合同（示范文本）》。

其中，《建设工程施工合同（示范文本）》由合同协议书、通用合同条款、专用合同条款三部分组成。

合同示范文本对当事人订立合同起参考作用，但不要求当事人必须采用合同示范文本，即合同的成立与生效同当事人是否采用合同示范文本无直接关系。合同示范文本具有引导性、参考性，但无法律强制性，为非强制性使用文本。

【思考与讨论】 合同示范文本与格式条款之间的异同。

7. 预约合同

《民法典》在合同编通则部分规定了预约合同，预约合同正式成为一项法律制度。预约合同大量存在于社会生活中。预约合同，是指约定于将来一定期限内订立本约合同的合同。比如，商品房的认购、订购、预定等协议，其实质就是预约合同。

《民法典》合同编第四百九十五条规定：当事人约定在将来一定期限内订立合同的认购书、订购书、预订书等，构成预约合同。当事人一方不履行预约合同约定的订立合同义务的，对方可以请求其承担预约合同的违约责任。

《民法典》更强调预约合同的实质要件，即用于将来一定期限内订立合同的意思表示，同时损害赔偿不再单列，而将之归入违约责任。预约合同的目的在于订立本约（即将来要订立的合同），一方当事人违反合同约定不履行订立本约合同的义务，应当向对方承担违约责任。如签订认购意向书后买受人不来认购，则出卖人可以要求买受人承担违约责任。

预约合同违约的具体情形如下：

（1）明确拒绝订立本约或以行动表示拒绝订立本约。

（2）对未决条款恶意磋商。在订立预约时当事人可能会对本约的部分内容进行磋商，所达成的一致意见称为已决条款，未进行磋商的部分称为未决条款。对于未决条款，双方应本着订立本约合同的目的诚信进行磋商，若一方恶意对未决条款进行磋商导致本约不能订立的，则构成违约。

（3）对已决条款重启磋商。若一方对已决条款重启磋商，从而导致无法订立本约的，构成违约，若一方违反已决条款，从而导致本约合同不能按照已决条款订立的，也构成违约。

3.2.2 合同的效力

（1）合同的生效。合同的生效是指合同具备了法定生效条件，对双方当事人开始产生法律约束力。合同成立后，必须具备相应的法律条件才能生效，否则合同是无效的。合同生效应当具备下列条件：

1) 当事人具有相应的民事权利能力和民事行为能力。订立合同的人必须具备一定的独立表达自己意思和理解自己行为的性质和后果的能力，即合同当事人应当具有民事权利能力和相应的民事行为能力。

在建设工程合同中，合同当事人一般都应当具有法人资格，承包人还应当具备相应的资质等级，否则当事人就不具有相应的民事权利能力和民事行为能力，订立的建设工程合同无效。

2) 意思表示真实。合同是当事人意思表示一致的结果，而且当事人的意思表示必须真实。意思表示不真实包括意思与表示不一致、不自由的意思表示两种。例如，建设工程合同的订立，一方采用欺诈、胁迫的手段订立的合同，就是意思表示不真实的合同，这样的合同就欠缺生效的条件。

3) 不违反法律或者社会公共利益。不违反法律或者社会公共利益是合同有效的重要条件。所谓不违反法律或者社会公共利益，是就合同的目的和内容而言的。合同的目的是指当事人订立合同的直接内心动因；合同的内容是指合同中的权利义务及其指向的对象。不违反法律或者社会公共利益，实际是对合同自由的限制。

（2）合同的生效时间。一般来说，依法成立的合同，自成立时生效。具体地讲：口头合同自受要约人承诺时生效；书面合同自当事人双方签字或者盖章时生效；法律规定应当采用书面形式的合同，当事人虽然未采用书面形式但已经履行全部或者主要义务的，可以视为合同有效。合同中有违反法律或者社会公共利益条款的，当事人取消或改正后，不影响合同其他条款的效力。法律、行政法规规定应当办理批准、登记等手续生效的，依照其规定。

当事人可以对合同生效约定附条件或者约定附期限。附条件的合同包括附生效条件的合同和附解除条件的合同两类。附生效条件的合同，自条件成就时生效；附解除条件的合同，自条件成就时失效。当事人为了自己的利益不正当阻止条件成就的，视为条件已经成就；不正当促成条件成就的，视为条件不成就。附生效期限的合同，自期限届至时生效；附终止期限的合同，自期限届满时失效。

（3）合同中仲裁条款的独立性。合同成立后，合同中的仲裁条款是独立存在的，合同的无效、变更、解除、终止不影响仲裁协议的效力。如果当事人在施工合同中约定通过仲裁解决争议，不能认为合同无效将导致仲裁条款无效。若因一方的违约行为，另一方按约定的程序终止合同而发生了争议，仍然应当由双方选定的仲裁机构裁定施工合同是否有效及对争议进行处理。

（4）效力待定合同。有些合同的效力较为复杂，不能直接判定是否生效，而与合同的一些后续行为有关，这类即为效力待定合同。

1) 限制民事行为能力人订立的合同。无民事行为能力人不能订立合同，限制行为能力人一般也不能独立订立合同，限制民事行为能力人订立的合同，经法定代理人追认以后，合同有效。限制民事行为能力人的监护人是其法定代理人。相对人可以催告法定代理人在1个月内予以追认，法定代理人未作表示的，视为拒绝追认。合同被追认之前，善意相对人有撤销的权利。撤销应当以通知的方式作出。

2) 无代理权人订立的合同。行为人没有代理权、超越代理权或者代理权终止后以被代理人的名义订立的合同，未经被代理人追认，对被代理人不发生效力，由行为人承担责任。相对人可以催告被代理人在1个月内予以追认。被代理人未作表示的，视为拒绝追认。合同被追认之前，善意相对人有撤销的权利。撤销应当以通知的方式作出。

3）无处分权人处分他人财产订立的合同。无处分权人处分他人财产订立的合同，一般情况下无效。但是，在下列两种情况下合同有效：

① 无处分权人处分他人财产，经权利人追认，订立的合同有效。

② 无处分权人处分他人财产，订立合同后取得处分权的，该合同有效。

（5）两类特殊合同的效力。

1）表见代理人订立的合同。表见代理是善意相对人通过被代理人的行为足以相信无权代理人具有代理权的代理。基于此项信赖，该代理行为有效。善意第三人与无权代理人进行的交易行为而订立的合同，其后果由被代理人承担。

2）法定代表人、负责人越权订立的合同。法人或其他组织的法定代表人、负责人超越权限订立的合同，除相对人知道或应当知道其超越权限以外，该代表行为有效。

（6）无效合同。无效合同是指当事人违反了法律规定的条件而订立的、不产生法律效力，国家不给予法律保护的合同。无效合同从合同订立时起对当事人就没有法律约束力，不论合同履行到什么阶段，合同被确认无效后，这种无效的确认都要溯及合同订立时。合同无效的法定情形如下：

1）一方以欺诈、胁迫的手段订立合同，损害国家利益。"欺诈"是指一方当事人故意告知对方虚假情况，或者故意隐瞒真实情况，诱使对方作出错误意思表示的行为。例如，施工企业伪造资质等级证书与发包人签订施工合同。"胁迫"是以给自然人及其亲友的生命健康、荣誉、名誉、财产等造成损害或者以给法人的荣誉、名誉、财产等造成损害为要挟，迫使对方作出违背真实意思表示的行为。例如，材料供应商以败坏施工企业名誉为要挟，迫使施工企业与其订立材料买卖合同。

以欺诈胁迫手段订立的合同，如果损害国家利益，则合同无效。

2）恶意串通，损害国家、集体或第三人利益。这种情况在建设工程领域中较为常见的是投标人串通投标或者招标人与投标人串通，损害国家、集体或第三人利益，投标人、招标人通过这样的方式订立的合同是无效的。

3）以合法形式掩盖非法目的。如果合同要达到的目的是非法的，即使其签订合同且形式和内容是合法的，也是无效的。例如，企业之间为了达到非法借款的目的签订的合同，即使以投资、入股等合法的形式作掩护，也属于无效合同。

4）损害社会公共利益。如果合同违反公共秩序和善良风俗，就损害了社会公共利益，这样的合同也是无效的。例如，施工单位在劳动合同中规定雇员应当接受搜身检查的条款；或者在施工合同的履行中规定以债务人的人身作为担保的约定，都属于无效的合同条款。

5）违反法律、行政法规的强制性规定。这是指当事人双方订立的合同不得违反法律、行政法规的强制性规定，否则合同无效。例如，建设工程承发包双方在订立合同时约定的质量标准低于法定的强制性质量标准，则该合同无效。

6）合同中无效的免责条款。合同的免责条款是指当事人约定免除或者限制其未来责任的合同条款。无效免责条款是指没有法律约束力的免责条款。免责条款是当事人协商同意的合同的组成部分，具有约定性，对当事人有约束力。但是，法律规定的以下两种免责条款无效：

① 造成对方人身伤害的。
② 因故意或者重大过失造成对方财产损失的。

上述两种免责条款具有一定的社会危害性和法律的谴责性，都可能构成侵权行为，造成对方人身权利或财产权利的损害。双方即使没有合同关系也可追究对方的侵权责任，如果当事人约定这两种侵权行为免责的话，等于以合同的方式剥夺了当事人合同以外的受法律保护的权利。因此，这两种免责条款是无效的。

7) 无效合同的确认。无效合同的确认权归属于有管辖权的受诉人民法院或者双方协议确定的仲裁机构，合同当事人或其他任何机构均无权认定合同的效力。

（7）可撤销的合同。可撤销的合同是指欠缺生效条件，但一方当事人可以依照自己的意思使合同的效力归于消灭的合同。

可撤销的合同不同于无效合同，当事人提出请求是合同被撤销的前提，合同在未被撤销以前仍然有效，人民法院或者仲裁机构不得撤销合同。

如果合同当事人对合同是否撤销发生争议，只有人民法院或者仲裁机构有权撤销合同。

有下列情形之一的，当事人一方有权请求人民法院或者仲裁机构撤销其合同：

1) 因重大误解而订立的合同。重大误解是指由于合同当事人一方自身的原因，对合同主要内容发生误解，产生错误认识。行为人因对行为的性质，对方当事人，标的物的品种、质量、规格和数量等的错误认识，使行为的后果与自己的意思相悖，并造成较大损失时，可以认定为重大误解。当然，这里的重大误解必须是当事人在订立合同时已经发生的误解，如果是合同订立后发生的事实，且一方当事人订立合同时由于自己的原因而没有预见到，则不属于重大误解。

2) 在订立合同时显失公平的合同。一方当事人利用自身优势或者利用对方没有经验，致使双方的权利与义务明显违反公平原则的，可以认定为显失公平。最高人民法院的司法解释明确规定了民间借贷利率的上限，双方约定的利率不得超过合同成立时一年期贷款市场报价利率的四倍。

3) 以欺诈、胁迫等手段或者乘人之危，使对方在违背真实意思的情况下订立的合同。一方以欺诈、胁迫等手段或者乘人之危，使对方在违背真实意思的情况下订立的合同，受损害方有权请求人民法院或者仲裁机构撤销。

由于可撤销的合同只是涉及当事人意思表示不真实的问题，因此法律对撤销权有一定的限制。有下列情形之一的，撤销权消灭：

① 当事人自知道或者应当知道撤销事由之日起一年内、重大误解的当事人自知道或者应当知道撤销事由之日起九十日内没有行使撤销权。

② 当事人受胁迫，自胁迫行为终止之日起一年内没有行使撤销权。

③ 当事人知道撤销事由后明确表示或者以自己的行为表明放弃撤销权。

【思考与讨论】

1. 简述无效合同、效力待定合同、可撤销的合同的区别。
2. 关于撤销权消灭的时效问题（可参阅《民法典》第一百五十二条）。

（8）合同无效或者被撤销后的法律后果。无效合同或被撤销的合同自始没有法律约束力。合同部分无效的，不影响其他部分的效力，其他部分仍然有效。合同无效或者被撤销的，不影响合同中独立存在的有关解决争议方法的条款的效力。

合同被确认无效或者被撤销后,合同中确立的权利义务即为无效。履行中的合同应当终止履行,尚未履行的不得继续履行。对因履行无效合同而产生的财产后果应当依法进行处理。

1)返还财产。由于无效合同自始没有法律约束力,因此返还财产是处理无效合同的主要方式。合同被确认无效后,当事人依据该合同所取得的财产应当返还给对方;不能返还的,应当作价补偿。建设工程合同如果无效一般都无法返还财产,因为无论是勘察设计成果还是工程施工,承包人的付出都是无法返还的,因此一般应当采用作价补偿的方法处理。

2)赔偿损失。合同被确认无效后,有过错的一方应赔偿对方因此而受到的损失。如果双方都有过错,应当根据过错的大小各自承担相应的责任。

3)追缴财产,收归国有或者返还集体第三人。双方恶意串通,损害国家集体或者第三人利益的,因此取得的财产收归国家所有或者返还集体第三人。无效合同不影响善意第三人取得的合法权益。

【思考与讨论】 该招标未招标,与无资质单位签订施工合同,被认定为合同无效后,下一步如何处理?并说明理由。(分为以下三个不同阶段分别回答)

1)刚刚签订合同。
2)工程已经完成一部分。
3)工程已经完工。

3.3 合同的履行与担保

3.3.1 合同的履行

知识链接 合同无效后工程价款的结算

合同的履行,是指合同双方当事人按照合同的规定去做,全面履行各自的义务,实现各自的权利,从而使各方的目的得以实现的行为。如果当事人只履行了合同规定的部分义务,称为合同的部分履行;如果合同规定的义务全部没有履行,称为合同未履行。

有必要指出的是,合同的履行前提和依据是合同必须有效,无效合同不存在合同的履行问题。

合同的履行是当事人订立合同的根本目的,是合同法律制度的核心内容,也是合同具有法律约束力的首要表现。

1. 合同履行的原则

(1)全面适当履行原则。全面适当履行,是指合同当事人双方应当按照合同约定全面履行自己的义务,即按合同约定的标的、数量、质量、价款、地点、期限、方式等履行各自的义务。按照约定履行自己的义务,既包括全面履行义务,也包括正确适当履行义务。

按照全面适当履行原则,当事人应对合同内容作出明确具体的约定。但是,如果合同生效后,双方当事人就质量、价款、报酬、履行地点等内容没有约定或约定不明确的,可以协议补充,不能达成补充协议的,按照合同有关条款或者交易习惯确定。如果按此方法仍不能确定的,适用下列规定进行履行:

1)质量要求不明确的,按照国家标准、行业标准履行;没有国家标准、行业标准的,按照通常标准或者符合合同目的的特定标准履行。

2）价款或者报酬不明确的，按照订立合同时履行地的市场价格履行；依法应当执行政府定价或者政府指导价的，按照规定履行。

3）履行地点不明确，给付货币的，在接受货币一方所在地履行；交付不动产的，在不动产所在地履行；其他标的，在履行义务一方所在地履行。

4）履行期限不明确的，债务人可以随时履行，债权人也可以随时要求履行，但应当给对方必要的准备时间。

5）履行方式不明确的，按照有利于实现合同目的的方式履行。

6）履行费用的负担不明确的，由履行义务一方负担。

合同在履行中，既可能按市场行情约定价格，也可能执行政府定价或政府指导价。如果是按市场行情约定的价格履行，则市场行情的波动不应影响合同价。如果执行政府定价或政府指导价，在合同约定的交付期限内政府价格调整时，按照交付时的价格计价；逾期提取标的物或者逾期付款的，遇价格上涨时，按照新价格执行；价格下降时，按照原价格执行。

（2）诚实信用原则。诚实信用原则的基本内容是指合同当事人善意的心理状况，它要求当事人在进行民事活动中不采取欺诈行为、守信用、尊重交易习惯，不得回避法律和歪曲合同条款，正当竞争、反对垄断，尊重社会公共利益，不得滥用权力等。诚实信用原则，是一项十分重要的原则，它贯穿于合同的订立、履行、变更、终止等过程。

合同履行过程中，当事人应当遵循诚实信用原则，根据合同的性质、目的和交易习惯履行通知、协助、保密义务。当事人双方应关心合同的履行情况，发现问题及时协商解决，并为对方履行创造条件。在合同履行过程中应信守商业道德，保守商业秘密。

2. 合同履行中的抗辩权

抗辩权，是指当事人双方在合同履行过程中，都应履行自己的债务，一方当事人不履行或者有可能不履行时，另一方当事人可以据此拒绝对方的履行要求。

（1）同时履行抗辩权。同时履行抗辩权是指当事人履行合同义务没有约定先后顺序，应当同时履行，当对方当事人未履行合同义务时，一方当事人可以拒绝履行合同义务的权利。同时履行抗辩权包括两种情形：一是一方在对方履行之前有权拒绝其履行要求；二是一方在对方履行债务不符合约定时，有权拒绝其相应的履行要求。

同时履行抗辩权有阻却对方请求权的效力，没有消灭对方请求权的效力。如施工合同履行中，对承包人施工质量不合格的部分，发包人有权在中期付款时拒付该部分对应的工程款，以迫使承包人修补或返工，但该部分经修补或返工合格后，应付款；若发包人拖欠工程款，则承包人可以放慢施工进度，甚至停工，以迫使发包人按时支付工程款，但发包人支付拖欠的工程款后，承包人应恢复正常施工。

（2）先履行抗辩权。先履行抗辩权是指当事人双方在合同中约定了债务履行的先后顺序，当先履行的一方未按约定履行债务时，后履行的一方可拒绝履行其合同债务的权利。先履行抗辩权也包括两种情形：一是当事人互负债务，有先后履行顺序，先履行一方未履行的，后履行一方有权拒绝其履行要求；二是先履行一方履行债务不符合约定的，后履行一方有权拒绝其相应的履行要求。如材料采购合同约定由供货方先行交付订购的材料，采购方再付款结算，若合同履行中供货方交付的材料质量或数量不符合约定的标准，采购方有权拒绝付款结算。

（3）不安抗辩权（后履行抗辩权）。不安抗辩权是指当事人双方在合同中约定了履行的先后顺序，合同成立后，先履行债务的当事人掌握了后履行债务的当事人丧失或者可能丧失履行债务能力的确切证据时，暂时停止履行其到期债务的权利。设立不安抗辩权的目的在于预防合同成立后情况发生变化而损害合同另一方的利益。

行使不安抗辩权，先履行合同的一方有确切证据证明对方当事人有下列情形之一的，可以中止履行：

1）经营状况严重恶化。

2）转移财产，抽逃资金，以逃避债务。

3）丧失商业信誉。

4）有丧失或者可能丧失履行能力的其他情形。

当事人行使不安抗辩权，并不意味着合同终止，只是当事人暂时停止履行其到期债务。当事人中止履行合同的，应当及时通知对方。对方提供适当的担保后应当恢复履行，对方在合理的期限内未恢复履行能力并且未提供适当的担保，中止履行一方可以解除合同。当事人如果没有确切证据就中止履行合同的，应承担违约责任。

3. 合同履行的代位权和撤销权

在合同履行过程中，为了保护债权人的合法权益，预防因债务人的财产不当减少而危害债权人的债权，法律允许债权人为保全其债权的实现而采取法律保障措施。此项法律保障措施包括代位权和撤销权。

（1）代位权。代位权是指债权人为了保障其债权不受损害，而以自己的名义代替债务人行使债权的权利。

关于债权，债权人只能向债务人要求履行，原则上是不涉及第三人的。但是当债务人与第三人的行为危害到债权人的利益时，法律规定允许债权人对债务人与第三人的行为行使一定的权利，以排除对其债权的危害。

因债务人怠于行使其到期债权，对债权人造成损害的，债权人可以向人民法院请求以自己的名义代位行使债务人的债权，但该债权专属于债务人自身的除外。代位权的行使范围以债权人的债权为限。债权人行使代位权的必要费用，由债务人承担。代位权的成立应具备以下法定的要件：

1）债务人怠于行使到期债权。

2）债务人怠于行使权利的行为对债权人造成损害。

3）债权人有保全债权的必要。

需要说明的是，代位权是债权人以自身的名义直接向债务人提出请求，代位权的行使方式必须是债权人以自身的名义向人民法院提起代位权诉讼，而不能通过诉讼以外的其他方式进行。

（2）撤销权。撤销权是指债权人对于债务人危害其债权实现的不当行为，有请求人民法院予以撤销的权利。在合同履行过程中，当债权人发现债务人的行为将会危害自身的债权实现时，可以行使法定的撤销权，以保障合同中约定的合法权益。债权人行使撤销权应当具备以下要件：

1）客观要件。必须是债务人实施了一定的危害债权人的行为，债权人才能行使撤销权。

2）主观要件。债权人行使撤销权一般要求债务人在实施危害债权的行为时其主观上具有恶意。

因债务人放弃其到期债权或无偿转让财产，对债权人造成损害，并且受让人知道该情形的，债权人可以请求人民法院撤销债务人的行为。撤销权的行使范围以债权人的债权为限。

单元三 合同的法律基础

债权人行使撤销权的必要费用，由债务人承担。

【特别提示】 当事人行使代位权与撤销权，均需向人民法院请求来实现。

4. 情势变更与不可抗力

（1）情势变更。情势变更是指合同有效成立后，因不可归责于合同当事人的原因发生情势变更，致合同之基础动摇或丧失，若继续维持合同原有效力显失公平，而允许变更合同内容或者解除合同。情势变更原则的意义，在于通过司法权力的介入，强行改变合同已经确定的条款或解除合同，在合同当事人订约意志之外，重新分配交易当事方在交易中应当获得的利益和风险，其追求的价值目标是公平和公正。

《民法典》第五百三十三条规定："合同成立后，合同的基础条件发生了当事人在订立合同时无法预见的、不属于商业风险的重大变化，继续履行合同对于当事人一方明显不公平的，受不利影响的当事人可以与对方重新协商；在合理期限内协商不成的，当事人可以请求人民法院或者仲裁机构变更或者解除合同。"这是我国第一次在民法基本法对情势变更制度作出规定。

在合同领域，对情势变更原则的适用条件是相当严格的，应当具备的条件如下：

1）须有应变更或解除合同的情势，即订立合同的基础条件发生了变动，在履行时成为一种新的情势，与当事人的主观意思无关。

2）变更的情势须发生在合同成立后至消灭前。

3）情势变更的发生不可归责于双方当事人，当事人对于情势变更的发生没有主观过错。

4）情势变更须未为当事人所预料且不能预料，而且不属于商业风险。

5）继续维持合同效力将会产生显失公平的结果。

（2）不可抗力。不可抗力，是指合同订立时不能预见、不能避免且不能克服的客观情况，包括自然灾害，如台风、地震、洪水、冰雹；政府行为，如征收、征用；社会异常事件，如罢工、骚乱。

《民法典》第一百八十条规定："因不可抗力不能履行民事义务的，不承担民事责任。法律另有规定的，依照其规定。不可抗力是不能预见、不能避免且不能克服的客观情况。"

不可抗力的主要因素如下：

1）不可预见性。合同当事人对于不可抗力事件的发生必须根本无法预见。如果能预见，或应该能够预见，则不构成不可抗力。

2）不可避免性。即使出现了不可预见的灾害，如果造成的后果是可以避免的，那么也不构成不可抗力，只有无法采取任何措施加以避免，才具有不可抗力的特征。

3）不可克服性。这是不可抗力的最后一个特征，是指当事人对该事件的后果无法加以克服，即毫无办法加以阻止。如政府或社会行为，譬如政策的变化、国家出现政权的交替等。

（3）情势变更与不可抗力的区别。

1）客观表现不同。不可抗力表现为人力不可抗拒的自然力，如地震、台风、洪水、海啸、旱灾等，也包括社会导致事件，如战争、罢工、暴动等；情势变更表现为意外事件、社会经济形势的急剧变化、物价飞涨、货币严重贬值、金融危机和国家政策的转变等事由。

2）适用范围不同。不可抗力为法定免责事由，适用于违约责任和侵权责任；情势变更仅在具有合同关系的双方当事人履行合同过程中，适用免除合同责任。

3) 直接造成的后果不同。有些不可抗力造成的后果是绝对不能克服的；情势变更可以相对克服，只是这使合同履行显失公平，不利于债务人。

4) 免责程度不同。不可抗力导致合同不能履行，一方当事人，当然免于承担违约或侵权责任；在发生情势变更的情况下，即使法院或仲裁机构同意变更或解除合同，并不当然免除该当事人对对方当事人的赔偿或补偿责任。

3.3.2 合同的担保

合同的担保是指法律规定或者由当事人双方协商约定的确保合同按约履行所采取的具有法律效力的一种保证措施。担保方式为保证、抵押、质押、留置和定金。

1. 保证

保证是债的担保方式的一种，是指保证人和债权人约定，当债务人不履行债务时，保证人按照约定履行债务或者承担责任的行为。由此可见，保证是一种双方的法律行为；保证是担保他人履行债务的行为；保证是就主债务履行负保证责任的行为。另外，应注意的是，担保的保证与通常意义上所说的保证是有区别的，这是一种债权担保制度，是具有法律意义的。

2. 抵押

抵押是指债务人或者第三人不转移对财产的占有，将该财产作为债权的担保。债务人不履行债务时，债权人有权依照法律规定以该财产折价或者以拍卖、变卖该财产的价款优先受偿。其中，债务人或者第三人称为抵押人，债权人称为抵押权人。

债务人或者第三人提供担保的财产为抵押物。由于抵押物是不转移其占有的，因此能够成为抵押物的财产必须具备一定的条件。这类财产轻易不会灭失，其所有权的转移应当经过一定的程序。

抵押担保需要订立抵押合同，在抵押合同中，抵押权人是接受担保的债权人，抵押人是提供抵押物的债务人或者第三人，抵押物是作为担保债权履行而特定化了的财产。抵押担保有以下几个特点：

（1）抵押人可以是第三人，也可以是债务人自己。这与保证不同，在保证担保中，债务人自己不能作为担保人。

（2）抵押物既可以是动产，也可以是不动产。这与质押不同，质物只能是动产。

（3）抵押人不转移抵押物的占有，抵押人可以继续占有、使用抵押物。这也与质押不同，质物必须转移于质权人占有。

（4）抵押权人有优先受偿的权利。抵押担保是以抵押物作为债权的担保，抵押权人对抵押物有控制、支配的权利。这里的控制权表现在抵押权设定后，抵押人在抵押期间不得随意处分抵押物。这里的支配权表现在抵押权人在实现抵押权时，对抵押物的价款有优先受偿的权利。优先受偿是指当债务人有多个债权人，其财产不足以清偿全部债权时，有抵押权的债权人优先于其他债权人受偿。

3. 质押

质押是指债务人或者第三人将其动产或权利移交债权人占有，将该动产或权利作为债权的担保。债务人不履行债务时，债权人有权依照法律规定以该动产或权利折价或者以拍卖、变卖该动产或权利的价款优先受偿。

质权是一种约定的担保物权，以转移占有为特征。债务人或者第三人为出质人，债权人为质权人，移交的动产或权利为质物。

质押分为动产质押和权利质押。

动产质押是指债务人或者第三人将其动产移交债权人占有，将该动产作为债权的担保。能够用作质押的动产没有限制。

权利质押一般是指将权利凭证交付质押人的担保。可以质押的权利包括：

（1）汇票、支票、本票、债券、存款单、仓单、提单。
（2）依法可以转让的股份、股票。
（3）依法可以转让的商标专用权、专利权、著作权中的财产权。
（4）依法可以质押的其他权力。

4. 留置

留置是指债权人按照合同约定占有债务人的动产，债务人不按照合同约定的期限履行债务的，债权人有权依照法律规定留置该财产，以该财产折价或者以拍卖、变卖该财产的价款优先受偿。留置权人负有妥善保管留置物的义务。因保管不善致使留置物灭失或者毁损的，留置权人应当承担民事责任。

由于留置是一种比较强烈的担保方式，必须依法行使。其设定的目的是督促债务人及时履行义务，在债务人清偿债务之前，债权人有占有留置物的权利。当规定的留置期限届满后，债务人仍然不履行债务的，债权人可以依照法律规定折价或者拍卖、变卖留置物，并从所得价款中得到清偿。如果债务人在规定期限内履行了义务，债权人应当返还留置物，不得滥用留置权。归纳起来，留置担保具有以下特点：留置担保依照法律规定直接产生留置权，不需要以当事人之间有约定为前提；被留置的财产必须是动产；留置的动产与主合同有牵连关系，即必须是因主合同合法占有的动产；留置权的实现，不得少于留置财产后两个月的期限；留置权人就留置物有优先受偿的权利。

5. 定金

定金是指当事人一方在合同成立后或履行前，依照约定向对方支付的一笔钱，债务人履行债务后，定金应当抵作价款或者收回。给付定金的一方不履行债务的，无权要求返还定金；收受定金的一方不履行债务的，应当双倍返还定金。

知识链接　《民法典》关于定金的规定

【思考与讨论】

1. 思考定金与订金的区别。
2. 如果既有定金，又有违约金，该如何执行？

3.4　合同的变更、转让与终止

3.4.1　合同的变更

合同的变更，是指当事人对已经发生法律效力，但尚未履行或者尚未完全履行的合同，依法经过协商进行修改或补充所达成的协议。合同的变更必须针对有效合同，协商一致是合同变更的必要条件，合同任何一方都不得擅自对合同进行变更。合同的变更一般不涉及已履行的合同内容，对于有些需要有关部门批准或者登记的合同的变更，需要重新进行审批或者登记，有效的合同变更必须要有明确的合同内容的变更，如果当事人对合同的变更约定不明确，视为没有变更。合同变更后，当事人应按变更后的合同履行，未变更部分继续原有的效力。合同变更的内容主要包括：

（1）标的物数量增减、品质的改变或规格的变更。
（2）履行期限、履行方式、履行地点的变更。
（3）结算方式的变更。
（4）合同担保的变更。
（5）附条件及附期限合同中条件及期限的变更等。

需要说明的是，工程变更与合同变更之间的关系。所谓工程变更往往是建设工程中工程内容的变化，如对设计文件进行变更。合同变更不一定引起工程变更，而工程变更由于导致双方当事人权利义务指向对象的变化，通常会引起合同变更。

3.4.2 合同的转让

合同的转让，是指当事人一方将合同的权利、义务全部或部分转让给第三人，并由第三人接受权利和承担义务的法律行为。《民法典》规定，合同一方将合同的权利、义务全部或部分转让给第三人的，应取得合同另一方的同意，并不得牟利。依照法律规定应当由国家批准的合同，需经原批准机关批准。

允许当事人转让合同权利和义务，是合同自愿原则的具体体现，但法律、行政法规对合同转让有规定的，应依照其规定。合同的权利、义务转让给受让人后，该受让人取代原当事人在合同中的法律地位。合同转让的核心在于处理原合同当事人之间，以及转让人与受让人之间的权利义务关系。

合同的转让包括合同权利转让、合同义务转让和合同权利义务一并转让三种情况。

1. 合同权利的转让

合同权利的转让，是指在不改变合同权利义务内容的基础上，享有合同权利的当事人通过协议，将其合同中的权利全部或者部分转让给第三人的行为。法律、行政法规规定转让权利应当办理批准、登记手续的需依规定办理，但下列情形债权不得转让：

（1）根据合同性质不得转让。
（2）根据当事人约定不得转让。
（3）依照法律规定不得转让。

债权人转让权利的，应当通知债务人。未经通知的，该转让对债务人不发生效力。接受转让的受让人取得权利后，同时拥有与此权利相对应的从权利。债权转让后，债务人对债权人的抗辩权同样可以针对受让人。

2. 合同义务的转让

合同义务的转让，是指在不改变合同权利义务内容的基础上，承担合同义务的当事人通过协议，将其合同中的义务全部或者部分转让给第三人的行为。与合同权利转让不同，债务人将合同的义务全部或者部分转让给第三人的，必须经过债权人的同意，否则这种转让不发生法律效力。法律、行政法规规定转让义务应当办理批准、登记手续的，应办理批准、登记手续。

债务人转让义务的，新债务人应当承担与主债务有关的从债务，但该从债务专属于原债务人自身的除外。债务人转让义务的，原债务人对债权人的抗辩权同样可以适用于新债务人。

3. 合同权利义务一并转让

合同权利义务一并转让也称债权债务概括转让，是指合同当事人一方经过对方同意，将权利义务一并转让给第三人，由第三人概括地接受这些权利义务的行为。

合同权利义务一并转让分两种情况：一种是依据当事人之间的约定而发生的权利义务转让；另一种是因当事人的组织变更而引起合同权利义务转让。当事人订立合同后合并的，由合并后的法人或者其他组织行使合同权利，履行合同义务。当事人订立合同后分立的，除债权债务另有约定外，由分立的法人或者其他组织对合同的权利和义务享有连带债权，承担连带债务。

经对方同意是合同权利义务一并转让的一个必要条件，因为其中包括债务的转让，债务的转让要经对方同意。有必要指出的是，根据《建筑法》的规定，建设工程施工合同不允许转让。禁止承包方将其承包的建筑工程转包给他人；禁止承包方将其承包的全部工程肢解以后以分包的名义分别转包给他人。

3.4.3 合同的终止

合同的终止又称为合同的消灭，是指当事人之间的合同关系由于某种原因而不复存在。合同终止是随着一定法律事实发生而发生的，与合同中止是不同的。合同中止只是在特殊情况下，当事人暂时停止履行合同，当这种特殊情况消灭以后，当事人仍然承担继续履行合同的义务；而合同终止是合同关系的消灭，不可能恢复。合同终止后，虽然合同当事人的权利义务关系不复存在了，但合同责任并不一定消灭，合同中的结算和清理条款仍然有效。

如果债务已按照约定履行或合同解除时，合同的权利义务终止。

1. 债务已按照约定履行

债务已按照约定履行即债的清偿，它是合同权利义务终止的最主要和最常见的原因之一。按照约定履行，是当事人订立合同的出发点，也是订立合同的归宿，是合同法律关系的最理想效果。清偿一般由债务人完成，但不以债务人为限，也可能由债务人的代理人或者第三人进行清偿。清偿的标的物一般是合同规定的标的物，但是如果债权人同意，也可用合同规定的标的物以外的物品来清偿债务。

2. 合同解除

合同解除，是指合同成立后，在尚未履行或者尚未完全履行时，提前终止合同效力的行为。合同解除分为约定解除和法定解除两类。约定解除，是指当事人通过行使约定的解除权或者通过协商一致而解除合同。法定解除，是指当具备了法律规定可以解除合同的条件时，当事人即可依法解除合同。

（1）因不可抗力致使不能实现合同目的。不可抗力，是指不能预见、不能避免并且不能克服的客观情况，可分为自然现象和社会现象。不可抗力往往导致非当事人的原因而无法履行合同义务，受不可抗力影响一方可以解除合同。如果不可抗力对双方都有影响，则双方都享有解除合同的权利。

（2）在履行期限届满之前，当事人一方明确表示或者以自己的行为表明不履行主要债务。合同依法成立后，就具有法律约束力，当事人一方明确表示或者以自己的行为表明不履行主要债务，将导致合同的根本目的无法实现。如果到履行期限届满再追究其违约责任，会严重影响对方当事人的利益。在这种情况下，守约当事人可以解除合同。

（3）当事人一方迟延履行主要债务，经催告后在合理期限内仍未履行。债务人迟延履行又称为给付迟延，是指债务人对于履行期满的债务，能够履行而未履行，在这种情况下，没有违约的一方可以解除合同。

（4）当事人一方迟延履行债务或者有其他违法行为导致不能实现合同目的。致使不能实现合同目的的违约与一般违约不同，它属于根本违约，不能以支付违约金、赔偿金的形式承担违约责任，在这种情况下，没有违约的一方可以解除合同。

当事人一方依照法定解除的规定主张解除合同的，应通知对方。合同自通知到达对方时解除。对方有异议的，可以请求人民法院或者仲裁机构确认解除合同的效力。法律、行政法规规定解除合同应当办理批准、登记等手续的，则应当在办理相应手续后解除。

合同解除后，尚未履行的，终止履行；已经履行的，根据履行情况和合同性质，当事人可以要求恢复原状，采取其他补救措施，并有权要求赔偿损失。

3. 债务相互抵消

债务相互抵消，是指当事人双方彼此互负债务，各以其债权充当债务的清偿，使双方的债务在等额范围内归于消灭。当事人主张债务相互抵消的应通知对方，通知自到达对方时生效。

4. 债务人将标的物提存

标的物提存，是指由于债权人的原因致使债务人无法向其交付标的物，债务人可以将标的物交给有关机关保存，以此消灭合同的制度。有下列情形之一，难以履行债务的，债务人可以将标的物提存：

（1）债权人无正当理由拒绝受领。

（2）债权人下落不明。

（3）债权人死亡未确定继承人，或者丧失民事行为能力未确定监护人。

（4）法律规定的其他情形。

债务人将标的物提存后，合同权利义务即告终止。我国目前的提存机构为公证机构。

5. 债权人免除债务人部分或者全部债务

债权人免除债务人的债务，即债权人以消灭债务人的债务为目的而放弃债权的意思表示。免除债务是一种民事法律行为，必须有放弃的意思表示，而不能以事实行为的方式作出。债权人免除债务人部分或者全部债务的，合同的权利义务部分或者全部终止。因债消灭的结果，从债务如担保、利息等也同时归于消灭。

3.5 合同的违约责任

3.5.1 违约责任的概念

违约责任是指当事人任何一方不履行合同义务或者履行合同义务不符合约定而应当承担

的法律责任。违约行为的表现形式包括不履行和不适当履行。不履行是指当事人不能履行或者拒绝履行合同义务。不能履行合同的当事人一般也应承担违约责任,不适当履行则包括不履行以外的其他所有违约情况。当事人一方不履行合同义务,或履行合同义务不符合约定的,应当承担继续履行采取补救措施或者赔偿损失等违约责任。当事人双方都违反合同的,应各自承担相应的责任。对于违约产生的后果,并非一定要等到合同义务全部履行后才追究违约方的责任。根据现有的法律规定对于预期违约的,当事人也应当承担违约责任。所谓预期违约,是指在履行期限届满之前,当事人一方明确表示或者以自己的行为表明不履行合同的义务。对于预期违约,对方当事人可以在履行期限届满之前要求其承担违约责任。

3.5.2 承担违约责任的条件和原则

1. 承担违约责任的条件

当事人承担违约责任的条件是指当事人承担违约责任应当具备的要件。根据现有的法律规定,承担违约责任的条件采用严格责任原则,只要当事人有违约行为,即当事人不履行合同或者履行合同不符合约定的条件,就应当承担违约责任。严格责任原则还包括,当事人一方因第三人的原因造成违约时,应当向对方承担违约责任。第三方造成的一方当事人的违约行为虽然不是当事人的过错,但客观上导致了违约行为,只要不是不可抗力原因造成的,应属于当事人可能预见的情况。为了严格合同责任,故就签订的合同而言归于当事人应承担的违约责任范围。承担违约责任后,与第三人之间的纠纷再按照法律或当事人与第三人之间的约定解决。

2. 承担违约责任的原则

承担违约责任是以补偿性为原则的。补偿性是指旨在弥补或者补偿因违约行为造成的损失。对于财产损失的赔偿范围,规定赔偿损失额应相当于因违约行为所造成的损失,包括合同履行后可获得的利益。但是,违约责任在有些情况下也具有惩罚性,如合同约定了违约金,违约行为没有造成损失或者损失小于约定的违约金;约定了定金,违约行为没有造成损失或者损失小于约定的定金等。

3.5.3 承担违约责任的方式

1. 继续履行

继续履行是指违反合同的当事人不论是否承担了赔偿金或者承担了其他形式的违约责任,都必须根据对方的要求,在自己能够履行的条件下,对合同未履行的部分继续履行。因为订立合同的目的就是通过履行实现当事人的目的,从立法的角度,应当鼓励和要求合同的实际履行。当事人一方不履行非金钱债务或者履行非金钱债务不符合约定履行,但有下列情形之一的除外:

(1) 法律上或者事实上不能履行。
(2) 债务的标的不适于强制履行或者履行费用过高。
(3) 债权人在合理期限内未要求履行。

当事人迟延履行约定违约金的,违约方支付违约金后,还应当履行债务,这也是承担继续履行违约责任的方式。如施工合同中约定了延期竣工的违约金,承包人没有按照约定期限完成施工任务,承包人应当支付延期竣工的违约金,但发包人仍有权要求承包人继续施工。

2. 采取补救措施

所谓补救措施，主要是指在当事人违反合同的事实发生后，为防止损失发生或者扩大，根据受损害方的要求由违反合同一方依照法律规定或者约定采取的修理、更换、重作、退货、减少价款或者报酬等措施，以给权利人弥补或者挽回损失的责任形式。

采取补救措施的责任形式主要发生在质量不符合约定的情况下。建设工程合同中，采取补救措施是施工单位承担违约责任的常用形式。

3. 赔偿损失

当事人一方不履行合同义务或者履行合同义务不符合约定，给对方造成损失的，应当赔偿对方的损失。损失赔偿额应该相当于因违约所造成的损失，包括合同履行后可以获得的利益，但不得超过违反合同一方订立合同时预见或者应当预见到的因违反合同可能造成的损失。赔偿损失是承担违约责任的主要方式，因为违约一般都会给当事人造成损失，并且其他责任形式一般都可以归结为赔偿损失。

当事人一方不履行合同义务或履行合同义务不符合约定的，在履行义务或采取措施后，对方还有其他损失的，应当赔偿损失。当事人一方违约后，对方应当采取适当措施防止损失的扩大，没有采取措施致使损失扩大的，不得就扩大的损失请求赔偿。当事人因防止损失扩大而支出的合理费用由违约方承担。

4. 支付违约金

当事人可以约定一方违约时应当根据违约情况向对方支付一定数额的违约金，也可以约定因违约产生的损失赔偿额的计算方法。约定的违约金低于造成损失的，当事人可以请求人民法院或仲裁机构予以增加；约定的违约金过分高于造成损失的，当事人可以请求人民法院或仲裁机构予以适当减少。违约金与赔偿损失不能同时采用。如果当事人约定了违约金，则应当按照支付违约金承担违约责任。

5. 定金罚则

当事人可以约定一方向对方给付定金作为债权的担保。债务人履行债务后定金应当抵作价款或者收回。给付定金的一方不履行约定债务的，无权要求返还定金；收受定金的一方不履行约定债务的，应当双倍返还定金。当事人既约定违约金，又约定定金的，一方违约时，对方可以选择适用违约金或者定金条款。但是，这两种违约责任不能合并使用。

3.5.4 因不可抗力无法履约的责任承担

因不可抗力不能履行合同的，根据不可抗力的影响，部分或全部免除责任，但法律另有规定的除外。当事人延迟履行后发生的不可抗力，不能免除责任。当事人因不可抗力不能履行合同的应当及时通知对方，以减轻给对方造成的损失，并应当在合理期限内提供证明。

不可抗力是指当事人在订立合同时不能预见、对其发生和后果不能避免并且不能克服的客观情况。当事人可以在合同中约定不可抗力的范围。为了公平的目的，避免当事人滥用不可抗力的免责权，约定不可抗力的范围是必要的。在有些情况下，还应当约定不可抗力的风险分担责任。

【思考与讨论】

1. 合同的订立主要经过哪几个阶段？要约邀请与要约的区别是什么？
2. 合同成立与合同生效的要件分别是什么？是否所有的合同自成立时起生效？

3. 什么是无效合同？合同无效的法定情形有哪些？
4. 什么是代位权、撤销权？分析适用情形，讨论如何正确行使。
5. 合同担保有哪几种方式？讨论其适用情形。
6. 什么是合同的履行？讨论合同履行应遵循什么原则。
7. 什么是违约责任？违约责任的承担方式有哪些？

自 测 题

一、单项选择题

1. 某市公安局采购一批办公家具，可以作为合同当事人的是（　　）。
   A. 公安局　　　　B. 公安局长　　　　C. 公安局党委　　　　D. 公安局后勤办
2. 针对某工程，某施工承包人与某供应商签约，根据样品，订购了国内知名品牌 N 的原片原厂生产的中空玻璃，供料进场后，施工承包人发现原片不是原厂生产，则（　　）。
   A. 承包人可行使合同撤销权　　　　B. 承包人不可行使合同撤销权
   C. 供应商可行使合同撤销权　　　　D. 供应商可行使合同变更权
3. 某装饰石材加工商接到来料加工订单，加工商生产后因订货单位未支付加工费，加工商可行使（　　）。
   A. 代位权　　　　B. 撤销权　　　　C. 留置权　　　　D. 抗辩权
4. 履约保证金是合同担保的一种形式，可以归于（　　）。
   A. 保证　　　　B. 抵押　　　　C. 留置　　　　D. 质押
5. A 公司与 B 公司发生合同争议，A 公司请张某律师进行诉讼活动，A 公司与张某律师之间一般签订（　　）合同。
   A. 技术　　　　B. 委托　　　　C. 行纪　　　　D. 居间
6. 某房产中介促成张先生的一套住宅出租给李女士，双方签订了租赁合同，发生了中介报酬 1000 元，则该费用应由（　　）。
   A. 张先生支付　　　　B. 李女士支付
   C. 张先生和李女士各承担 500 元　　　　D. 张先生与李女士协商支付
7. 针对要式合同，要约和承诺在生效前，均可以（　　）。
   A. 失效　　　　B. 撤销　　　　C. 撤回　　　　D. 作废
8. 履约保证金与定金均可对合同进行担保，两者的最大区别是（　　）。
   A. 交付的时间不同　　　　B. 交付的额度不同
   C. 交付的对象不同　　　　D. 担保的对象不同
9. （　　）属于行政法规。
   A.《招标投标法》　　　　B.《招标投标法实施条例》
   C.《招标投标行业协会章程》　　　　D.《招标文件标准文件》
10. 甲购买了一部手机，使用 63 天发现经常出现自动停机，则甲应向（　　）提出维修诉求。
    A. 经销商　　　　B. 特约维修商　　　　C. 生产厂家　　　　D. 当地消费者协会
11. 关于代理制度中的民事责任，以下说法错误的是（　　）。

A. 委托书授权不明的，被代理人应当向第三人承担民事责任，代理人负连带责任
B. 代理人不履行职责而给被代理人造成损害的，代理人应当承担民事责任
C. 超越代理权的代理人行为，不管是否经被代理人追认，行为人均应承担民事责任
D. 第三人知道行为人没有代理权，还与行为人实施民事行为，给他人造成损害时，由第三人和行为人负连带责任

12. 有下列情形之一的，诉讼时效中止（　　）。
A. 权利人向义务人提出履行请求　　B. 义务人同意履行义务
C. 权利人提起诉讼或者申请仲裁　　D. 权利人被义务人或者其他人控制

13. 某工程施工过程中，建设单位将对建设单位代表的授权范围以书面形式通知了施工单位。项目经理在建设单位代表权限范围外提出了一项认可要求，建设单位代表给了签字认可。这一认可的法律后果应由（　　）承担。
A. 建设单位与施工单位　　B. 建设单位与项目经理
C. 建设单位代表与施工单位　　D. 施工单位与项目经理

14. 甲公司在乙公司办公楼附近实施基坑爆破，爆破后8年，乙公司才发现玻璃幕墙的铝框发生损伤，向法院起诉要求赔偿，则本案（　　）。
A. 已经超过诉讼时效，法院不予受理
B. 已经超过诉讼时效，法院应驳回诉讼请求
C. 诉讼时效中止
D. 未超过诉讼时效

15. 某房屋预售合同房价60万元，交付定金20万元。房屋建成后，房产商高价把这套房子卖出。买房人可以要求房产商返还（　　）万元。
A. 20　　B. 24　　C. 32　　D. 40

16. 在签订工程建设合同的过程中，下列文件中属于承诺的是（　　）。
A. 招标文件　　B. 投标文件　　C. 中标通知书　　D. 招标公告

17. 受要约人超过承诺期限发出承诺的，除要约人及时通知受要约人该承诺有效的以外，为（　　）。
A. 新要约　　B. 要约邀请　　C. 要约　　D. 承诺

18. 合同标的一般是指（　　）。
A. 合同内容　　B. 合同客体　　C. 合同主体　　D. 合同条款

19. 代理人知道被委托代理的事项违法仍然进行代理活动的，或者被代理人知道代理人的代理行为违法不表示反对的，由（　　）。
A. 被代理人承担责任　　B. 代理人承担责任
C. 被代理人和代理人负连带责任　　D. 被代理人和代理人共同承担责任

20. 下列各项协议中适用《民法典》合同编进行调整的是（　　）。
A. 甲与乙签订的遗赠抚养协议
B. 乙与丙签订的监护责任协议
C. 丙与本集体经济组织签订的联产承包协议
D. 张某、王某与建筑设备租赁公司

21. 王某原是甲建筑公司的项目经理，辞职后与张某合办了一家建筑设备租赁公司。王

某现在以甲公司的名义和与其长期合作的大客户乙公司签订 5000t 钢材的购销合同，乙公司对王某辞职事宜，已收到甲公司的通知。请问，对该合同承担付款义务的是（   ）。

　　A. 甲建筑公司　　　　　　　　　B. 建筑设备租赁公司
　　C. 王某　　　　　　　　　　　　D. 张某、王某与建筑设备租赁公司

二、多项选择题

1. 订立合同时当事人必须遵守的基本原则有（   ）。
　　A. 平等原则　　　　　　　　　　B. 保密原则
　　C. 诚实信用原则　　　　　　　　D. 强制原则
　　E. 守法原则

2. 某学校 A 需采购教学投影仪 147 台，与某供应商 B 签订了采购合同，签约合同价 95.8 万元，合同约定签约后 14 天内由学校 A 向供应商 B 支付 30% 的预付款，签约 10 天后学校 A 发现供应商 B（   ）时，可以暂时停止支付预付款。
　　A. 更换了法定代表人
　　B. 抽逃注册资本金
　　C. 为第三方提供经济担保被法院冻结了银行账户
　　D. 办公地点从主城区迁到城郊开发区
　　E. 开户银行地址发生更改

3. 合同主要内容由当事人约定，当事人的（   ）应在合同中体现。
　　A. 名称　　　　　　　　　　　　B. 住所
　　C. 年龄　　　　　　　　　　　　D. 性别
　　E. 银行账号

4. 合同主要条款针对合同标的，规定合同当事人的权利和义务，其中合同履行的（   ）必须明确。
　　A. 开始时间　　　　　　　　　　B. 结束时间
　　C. 地点　　　　　　　　　　　　D. 方式
　　E. 成本

5. 针对（   ）合同，当委托人未支付合同费用时，受托人可以行使留置权。
　　A. 承揽　　　　　　　　　　　　B. 保管
　　C. 货运　　　　　　　　　　　　D. 仓储
　　E. 租赁

6. 为确保合同债权实现，（   ）是通常的合同担保形式。
　　A. 保证　　　　　　　　　　　　B. 抵押
　　C. 留置　　　　　　　　　　　　D. 质押
　　E. 提存

7. 某石材加工商 A 为某大型工程供应装饰石材，与运输公司 B 签订了运输合同，连续运输服务期 120 天，20 天后因（   ），则石材加工商 A 可以解除运输合同。
　　A. 运输公司 B 传真告知石材加工商 A 不能继续派车
　　B. 运输公司 B 没有任何表示但连续 2 天未向石材加工商 A 派出运输车辆
　　C. 运输公司 B 连续 2 天未派出运输车辆，经石材加工商 A 催告后，第 3 天仍未派车

D. 运输公司B内部发生薪酬纠纷，驾驶员处于罢工状态，解决时间无法预计

E. 运输公司B一驾驶员因交通违法而延误了车上货物的交付时间，石材加工商A被工地口头警告

8. 甲某按木业生产商B提供产品纸质样本为自办企业办公楼订制室内木门，双方签订了采购合同，合同约定木业生产商B提供样门评审后批量供应。样门提供后发现，与纸质样本质量偏差较大，调查发现是木业生产商B的生产线精度下降所致，短时间并无升级改造计划，则（　　）。

A. 甲某可以主动要求降低合同价格

B. 木业生产商可以主动要求降低合同价格

C. 甲某可以撤销合同

D. 木业生产商可以撤销合同

E. 合同自动撤销

9. 下列关于撤销权表述正确的有（　　）。

A. 合同当事人A意思表示不真实，当事人B可以行使合同撤销权

B. 合同当事人A意思表示不真实，当事人B要求变更合同时，当事人A可以行使合同撤销权

C. 因债权人实施了减少自身财产的行为，对债务人的债权造成损害，债务人可以通过法院行使撤销权

D. 因债务人实施了减少自身财产的行为，对债权人的债权造成损害，债权人可以直接对债务人行使撤销权

E. 因债务人实施了减少自身财产的行为，对债权人的债权造成损害，债权人可以通过法院行使撤销权

10. 零售商业企业对所售商品实行"三包"，是指在规定时间内（　　）。

A. 退货   B. 更换

C. 维修   D. 商品停售后5年内提供配件

E. 提供有效发票

11. （　　）可以依法成为合同当事人。

A. 8岁的自然人   B. 宠物

C. 经民政厅登记的宗教团体   D. 民政厅

E. 民政厅传达室某保安

12. 虽然没有形成当事人双方签字的书面合同，但甲某（　　）的行为可视作已签订合同。

A. 购买了杭州至北京的高铁车票

B. 到邮局订了2018年的《参考消息》

C. 办理订婚酒席

D. 获得一张现场观看篮球赛的赠票

E. 餐厅内形成点菜单

13. 针对未到期银行加密存单取款，（　　）是必要条件。

A. 存单   B. 所有者有效身份证明

C. 密码   D. 代办者有效身份证明

E. 所有者给代办者的委托书

14. 甲公司将某教学楼工程依法发包给乙建筑公司承包，经甲公司同意乙公司将部分非主体工程分包给丙公司，丙公司将其中一部分分包给丁公司，后丁公司因工作失误导致工程质量不合格，甲公司欲索赔，对此，以下说法错误的有（　　）。

A. 甲公司只能向乙公司主张索赔
B. 丙公司在向乙公司赔偿损失后，有权向丁公司追偿
C. 甲公司有权要求丁公司承担民事责任
D. 法院可收缴丙公司由于分包已经取得的非法所得

单元四

建设工程施工合同的签订与履行

📊 单元导读

建设工程施工合同是建设工程合同中比较典型、复杂的一种合同，也是学生未来的就业岗位上涉及最多的一种。所以我们要掌握建设工程施工合同的签订与履行，包括合同的获取、签订、履行以及合同管理，在课程统筹基础上对合同履行中关键工作"工程签证与工程变更"和"分包合同管理"进行重点阐述。

🎯 学习目标

1. 掌握建设工程合同的概念及种类
2. 了解建设工程合同的特征及其他相关合同
3. 熟悉建设工程施工合同订立的程序
4. 掌握《建设工程施工合同示范文本》的组成与内容
5. 熟悉应用《建设工程施工合同示范文本》签订建设工程施工合同的过程
6. 强化合同履行与合同管理意识
7. 掌握工程签证与工程变更的内容与方法

📋 课程思政

以合同的"签订与履行"为载体，以"诚信与公平"为基础，以"合作与共赢"为目标，以"绿色节能"为追求，以"教师引导、学生体验"为主要方法，将课程思政融于教学全过程。

📝 学习任务

备注说明：本栏目为学生个体学习任务，边学边完成，根据需求自己附页，教师将学生完成情况，计入平时成绩。

1. 针对自己将来可能的就业方向（单位类型）、就业岗位，提出将来可能涉及的工程建设合同。
2. 简述建设工程合同与一般承揽合同的异同。

3. 试述总价合同、单价合同和成本加酬金合同的优缺点及适用情况。

4. 学习与解读分析《建设工程施工合同示范文本》，梳理总结以下内容：

（1）承包单位可向建设单位索赔的具体条款、索赔内容组成。

（2）建设单位可向承包单位索赔的具体条款、索赔内容组成。

（3）承包单位可单方面解除合同的具体条件。

（4）建设单位可单方面解除合同的具体条件。

（5）承包单位可顺延工程期的具体条件。

（6）索赔时限条款总结。

（7）签证时限条款总结等内容。（见实训任务）

5. 小组实训任务：根据所给定的工程情境和《建设工程施工合同示范文本》编制与签订合同。

6. 针对自己将来可能的就业方向（单位类型）、就业岗位，总结自己应该如何履行合同义务，进行合同管理。

7. 小结如何做好工程签证，包括签证的内容与注意事项。并对签证成果举一例。

8. 小结如何做好工程变更及面对工程变更，我们应该做好哪些工作，注意什么问题。

9. 说出分包的现实意义及其注意事项（可以站位某一方，如总承包商方）。

10. 分析分包商与总承包商、发包人、监理工程师的关系。

11. 进一步体验合同主体的平等、自愿属性。进一步体验诚信、公平处理合同事务的重要作用。进一步体验绿色、节约的深远意义。

导学案例

某工程，建设单位与甲施工单位签订了施工合同，与丙监理单位签订了监理合同。经建设单位同意，甲施工单位确定乙施工单位作为分包单位，并签订了分包合同。

施工过程中，甲施工单位的资金出现困难，无法按分包合同约定支付乙施工单位的工程进度款，乙施工单位向建设单位提出支付申请，建设单位同意申请，并向乙施工单位支付进度款。

专业监理工程师在巡视中发现，乙施工单位施工的在施部位存在质量隐患，专业监理工程师随即向甲施工单位签发了整改通知。甲施工单位回函称，建设单位已直接向乙施工单位支付了工程款，因而本单位对乙施工单位施工的工程质量不承担责任。

工程完工，甲施工单位向建设单位提交了竣工验收报告后，建设单位于2006年9月20日组织勘察、设计、施工、监理等单位竣工验收，工程竣工验收通过，各单位分别签署了工程质量《竣工验收鉴定证书》。建设单位于2007年3月办理了工程竣工备案。因使用需要，建设单位于2006年10月中旬，要求乙施工单位按其示意图在已竣工验收的地下车库承重墙上开车库大门，该工程于2006年11月底正式投入使用。2008年2月，该工程排水管道严重漏水，经丙监理单位实地检查，确认系新开车库门施工时破坏了承重结构所致。因工程还在保修期内，建设单位要求甲施工单位无偿修理。建设行政主管部门对责任单位进行了处罚。

请考虑：

1. 甲施工单位回函的说法是否正确？

2. 造成严重漏水，应该由哪个单位承担责任？

3. 建设行政主管部门应该对哪个单位进行处罚？

4.1 建设工程合同概述

建设工程合同为《民法典》合同编第二分编典型合同中专章设立（合同编第十八章）的有名合同之一。根据《民法典》合同编第七百八十八条规定，建设工程合同根据合同标的不同分为工程勘察合同、设计合同、施工合同。

4.1.1 建设工程合同的概念

建设工程合同是承包人进行工程建设，发包人支付价款的合同。双方当事人应当在合同中明确各自的权利义务，其核心主要是承包人进行工程建设，发包人支付工程价款，以完成各自合同约定的权利与义务。进行工程建设的行为包括勘察、设计、施工。建设工程合同是一种有偿、诺成合同，合同自双方签字、盖章或有权人按指印时成立并生效。建设工程合同也是双务合同，双方在合同中都有各自的权利和义务，在享有权利的同时也必须履行义务。

就合同理论而言，建设工程合同是广义上的承揽合同的一种，即承揽人（承包人）按照发包人的要求完成工作（工程建设工作），交付工作成果（竣工工程），发包人给付工程费用和报酬的合同。但是鉴于建设工程合同标的及其履行的特殊性，以及对社会、经济的重要作用和影响力，政府监管必不可少，交易规则复杂而繁多，有别于一般的承揽合同，所以我国相关法律法规一直将建设工程合同列为单独一类重要合同。考虑到建设工程合同是从承揽合同中分离出来的，也同样具有承揽合同的一般属性，故《民法典》第八百零八条明确规定："本章没有规定的，适用承揽合同的有关规定。"

4.1.2 建设工程合同的特征

1. 合同主体的严格性

虽然《民法典》总则编中的法律关系主体包括自然人、法人和非法人组织三种，但建设工程合同主体一般是指法人。发包人一般是经过批准进行工程项目建设的法人，且有经国家批准、核准或备案的建设项目，已落实投资计划，并应当具备相应的协调能力；承包人则必须具备法人资格，而且应当具备相应的从事勘察、设计、施工等相对应的企业资质。无营业执照或无承包资质的单位不能作为建设工程合同的主体，严禁承包单位越级资质等级承包建设工程。

2. 合同标的的特殊性

建设工程合同的标的是各类建设产品，建设产品是不动产，其基础部分与土地相连，不能移动。这就决定了每个建设工程合同的标的的特殊性和单件性，以及相互间具有不可替代性，进而决定了承包人实施建设工作的流动性。建设工程所在地就是勘察、设计、施工生产的场地，施工单位（队伍）、施工机械设备就必须围绕产品不断移动。另外，建筑产品的类别庞杂，其外观、结构、使用性质、使用人各不相同，这就要求每一个建设产品都需要单独设计与施工（即使可重复利用标准设计或重复使用图纸，也应采取必要的设计修改后才能施工），即建设产品是单体性生产，这直接决定了建设工程合同标的的特殊性。

3. 合同履行的长期性

建设工程由于结构复杂、体积庞大、建筑材料类型多、工作量大，使得合同履行期限较长。而且，建设工程合同的订立和履行一般都需要较长的准备期，在合同的履行过程中，还会因为不可抗力、工程变更、材料供应不及时以及各种不可预测的风险等因素而导致合同期限的延长。所有这些情况，都决定了建设工程合同履行的长期性。

4. 计划和程序的严格性

由于工程建设对国家的经济发展、人民的工作和生活都有重大的影响，因此国家对建设工程的计划和程序都有严格的管理制度。建设工程项目的实施必须以国家批准、核准的投资计划为前提，即使是国家投资以外的以其他方式筹集的投资也要受到当年的贷款规模和批准限额的限制，纳入当年投资规模的平衡，并经过严格的审批程序。当然，目前随着投资体制改革的进一步深化，以及鼓励投资建设政策的进一步实施，在建设项目的批准、核准、备案方面已经有了较大改变与突破。但是对于工程项目的建设程序仍然是严格的，以确保工程的质量与安全。故在建设工程合同的订立、履行中必须符合国家关于建设程序的相关规定。

5. 合同形式的特殊要求

《民法典》合同编规定，在通常情况下合同是采用书面形式还是口头形式并没有限制，即双方当事人自愿选择合同形式为原则。但《民事典》总则编第一百三十五条规定"法律、行政法规规定或者当事人约定采用特定形式的，应当采用特定形式"，考虑到建设工程的重要性和复杂性，在建设过程中经常会发生影响合同履行的纠纷，《合同编》第七百八十九条中明确规定"建设工程合同应当采用书面形式"，即等于对建设工程合同的形式做了具体的规定。

4.1.3 建设工程合同的种类

建设工程合同从不同的分类角度进行划分，可以分为以下类型：

1. 从承发包工程范围的角度进行划分

从承发包工程范围的角度进行划分，可以将建设工程合同分为建设工程总承包合同、建设工程施工承包合同、专业分包合同及劳务分包合同。

建设工程总承包，是指承包单位按照与发包单位签订的合同，对工程设计、采购、施工或者设计、施工等阶段实行总承包，并对工程的质量、安全、工期和造价等全面负责的工程建设组织实施方式。如发包人只将其中的工程设计图范围中的施工内容进行发包的，为建设工程施工承包合同。根据合同约定或经发包人同意，将承包范围中非主体结构、专业性较强的专业工程进行分包的，即为建设工程分包合同。劳动分包合同，则是指在工程施工过程中从事劳务作业的劳务作业企业签订的合同。

2. 从完成承包工作内容的角度进行划分

从完成承包工作内容的角度进行划分，建设工程合同可以分为建设工程勘察合同、建设工程设计合同和建设工程施工合同三类。

3. 从计价方式的角度进行划分

从计价方式的角度进行划分，建设工程合同可分为总价合同、单价合同和成本加酬金合同三类。

（1）总价合同。总价合同是指在合同中确定一个完成建设工程的总价，承包单位据此完成项目全部内容的合同。这种合同类型能够使建设单位在招标阶段易于确定合同总价，且对于工程价款的计算方便，支付清晰。但这类合同仅适用于工程量不太大且能精确计算、工期较短、技术不算复杂、风险不大的项目。因而，采用这种合同类型的建设单位必须准备详细而且有全面的设计图（一般要求施工详图）和各项说明，使承包单位能准确计算工程价款。

（2）单价合同。单价合同是指承包单位在投标报价时按招标人提供的招标文件中所提供的分部分项工程清单所列出的工程量及相关要求确定各分部分项工程费用的合同类型。实际结算时以实际确认的工程量为准。

这类合同的适用范围比较宽，其风险可以得到合理的分摊，并且能鼓励承包单位通过提高工程管理水平等手段从成本节约中提高利润。这类合同能够成立的关键在于双方对单价和工程量计算方法的确认。工程量的风险由招标人（发包人）承担，单价的风险由中标人（承包人）承担，在合同履行中需要注意的关键点则是双方对实际工程量计量的确认以及工程签证与索赔的内容。

（3）成本加酬金合同。成本加酬金合同是指由发包人向承包单位支付建设工程的实际成本，并按事先约定的某种方式支付酬金的合同类型。在这类合同中，发包人承担了项目的全部风险。这类合同的缺点是发包人对工程总造价不易控制，承包商也往往不注意降低项目成本。故此类合同主要适用于以下项目：

1）需要立即开展工作的项目，如震后的救灾工作。
2）新型的工程项目，或对项目工程内容及技术经济指标未确定的。
3）风险很大的项目。

4.1.4 建设工程涉及的其他合同

建设工程项目管理人员应对工程项目进行全面的、全方位的管理。在对工程项目进行全过程管控中，必然会涉及各类相关合同，如建设项目物资的采购涉及买卖合同及运输合同，工程投保涉及保险合同，机械设备租赁涉及租赁合同等。工程管理人员不但要做好对建设工程勘察、设计、施工合同的管理，同时也要做好对建设工程涉及的其他相关合同的管理，这是工程项目管理及工程项目顺利进行的基础和前提。

1. 买卖合同

买卖合同是经济活动中最常见的一种合同，也是建设工程项目管理、履行建设工程项目内容需要经常订立的合同。在建设工程中，如建筑材料、设备的采购中会涉及大的买卖合同。另外，施工过程中的一些五金工具、生活用品的采购也会采用买卖合同。在整个建设工程项目的实施过程中，不管是承包人还是发包人都需要经常签订买卖合同。

买卖合同是双务、有偿合同，是诺成合同，一般是不要式合同。其法律规定见《民法典》合同编第二分编第九章，在此不再赘述。

2. 租赁合同

租赁合同是出租人将租赁物交付承租人使用、收益，承租人支付租金的合同。租赁合同是转让租赁物使用权的合同，合同的履行不会导致租赁物所有权的转移，在租赁合同有效期满后，承租人应当将租赁物交还出租人。

租赁合同的形式没有特别的限制，但租赁期限六个月以上的，应当采用书面形式。当事人未采用书面形式，无法确定租赁期限的，视为不定期租赁。

租赁期限不得超过二十年。超过二十年的，超过部分无效。租赁期限届满，当事人可以续订租赁合同；但是，约定的租赁期限自续订之日起不得超过二十年。

在工程建设过程中出现了越来越多的租赁合同，特别是建筑施工企业的施工机具、设备、周转材料租赁等，因为如果自备过多，则购买费用、保管费用将大幅度增加，从而占用大量资金，影响到资金的周转和使用效率，所以租赁变成了不可或缺的选择。当然也不能自备过少，否则不能满足施工高峰的使用需要。其法律规定见《民法典》合同编第二分编第十四章，在此不再赘述。

3. 承揽合同

《民法典》合同编规定，建设工程合同在该法第十八章没有规定的，适用承揽合同的有关规定。因此，作为建设领域的工程管理人员，应当较全面地熟悉承揽合同的相关法律法规，以便更加全面地进行工程项目管理，顺利地完成工程内容，达到合同约定的要求。

承揽合同是承揽人按照定作人的要求完成工作，交付工作成果，定作人支付报酬的合同。

承揽合同的标的物即为当事人权利义务指向的对象，也就是工作成果，而不是工作过程、智力的支出过程。承揽合同的标的物一般是有形的，或至少可以以有形的载体表现。其法律规定见《民法典》合同编第二分编第十七章，在此不再赘述。

4.2 《建设工程施工合同（示范文本）》与合同签订

4.2.1 建设工程施工合同订立的程序

建设工程施工合同订立首先必须遵循《民法典》关于合同订立的基本原则，且合同的订立一般采用要约承诺方式。考虑到建设工程项目工期长、投资大、风险大，且往往涉及公共利益和公共安全，建设工程合同订立一般均要经过要约邀请、要约、承诺、合同谈判等多个环节。

同时，合同主体要在建设工程市场获得工程项目，必须遵守《招标投标法》《招标投标法实施条例》和国家发展和改革委员会发布的《必须招标的项目规定》等规定，采用招标发包或直接发包方式。

根据上述规定，必须招标的工程项目发包方必须通过招标投标的方式确定承包方，招标方式根据工程特点与条件，一般采用公开招标，特殊情况可以考虑采用邀请招标方式，采用邀请招标需要按部门规章进行审核备案。其他工程项目鼓励采用招标方式。

公开招标项目合同签订程序：首先，进行工程项目的招标；其次，投标人进行工程项目的投标；然后进行开标、评标及定标；最后双方洽谈签订合同。

知识链接 关于严格控制邀请招标和不宜招标（直接发包）的规定

4.2.2 《建设工程施工合同（示范文本）》

《民法典》第四百七十条规定，合同的内容由当事人约定，当事人可以参照各类合同的示范文本订立合同。

相关合同示范文本是指根据《民法典》的相关规定，由国家工商行政主管部门、国务院有关业务主管部门制定的推荐性标准合同文本。如《建设工程施工合同（示范文本）》由住房和城乡建设部、国家工商行政管理总局制定和发布。合同示范文本制度是贯彻执行合同相关法律制度、提高合同履约率、强化合同管理、整顿流通秩序的一项重要措施，它对于规范合同当事人的签约行为和经营行为、保护其自身的合法权益、健全社会主义法制，起到了积极作用。

《建设工程施工合同（示范文本）》详见"工程招标投标与合同管理课程实训任务书与指导书"。

1. 合同文件的组成

《建设工程施工合同（示范文本）》由合同协议书、通用合同条款和专用合同条款三部分组成。

合同文件的组成及优先解释顺序：组成合同的各项文件应互相解释，互为说明。除专用合同条款另有约定外，解释合同文件的优先顺序如下：

（1）合同协议书。
（2）中标通知书（如果有）。
（3）投标函及其附录（如果有）。
（4）专用合同条款及其附件。
（5）通用合同条款。
（6）技术标准和要求。
（7）图纸。
（8）已标价工程量清单或预算书。
（9）其他合同文件。

上述各项合同文件包括合同当事人就该项合同文件所作出的补充和修改，属于同一类内容的文件，应以最新签署的为准。

在合同订立及履行过程中形成的与合同有关的文件均构成合同文件组成部分，并根据其性质确定优先解释顺序。

由此可见，建设工程施工合同除依据示范文本签订的文本外，还包括其他若干内容，共同构成完整的合同文件。

2. 合同协议书

合同协议书部分主要包括工程概况、合同工期、质量标准、签约合同价和合同价格形式、项目经理、合同文件构成、承诺以及合同生效条件等重要内容，集中约定了合同当事人基本的合同权利义务。

3. 通用合同条款

通用合同条款是合同当事人根据《建筑法》《民法典》等相关法律法规的规定，总结建设工程施工合同纠纷案件焦点热点问题，结合建设工程施工管理的特殊需要和行业惯例、交易习惯，就工程建设的实施及相关事项，对合同当事人的权利义务作出的原则性约定。

通用合同条款具体应包括一般约定、发包人、承包人、监理人、工程质量、安全文明施工与环境保护、工期和进度、材料与设备、试验与检验、变更、价格调整、合同价格、计量与支付、验收和工程试车、竣工结算、缺陷责任与保修、违约、不可抗力、保险、索赔和争议解决。

4. 专用合同条款

专用合同条款是对通用合同条款原则性约定的细化、完善、补充、修改或另行约定的条款。合同当事人可以根据不同建设工程的特点及具体情况，通过双方的谈判、协商对相应的专用合同条款进行修改补充。

【思考与讨论】

1. 在社会主义市场经济条件下，招标投标是订立建设工程合同的主要来源。在招标投标背景下，结合招标投标程序说明建设工程施工合同的订立过程。
2. 在招标投标条件下与不经过招标投标进行合同谈判，进而签订合同有什么不同？
3. 说明合同谈判的原则与技巧。

4.3 合同履行与合同管理概述

4.3.1 合同履行的概念

建设工程合同是承包人进行工程建设，发包人支付价款的合同。即承包人合同履行义务是按期保质、保量完成工程，并按约履行建设工程的法定保修义务；发包人的合同履行义务是根据合同的约定按时支付工程款以及合同约定的相关协助义务。在双方的共同努力、协助下共同完成建设工程项目。

在合同履行中双方应以确保工程的质量、安全为基本原则，以便满足建设工程项目的使用功能要求，同时对建设项目的进度、成本进行科学有效的控制，以达到最佳的社会效果。

4.3.2 合同履行的原则

对于建设工程合同的履行也应遵循以下原则：按照约定全面履行自己的义务原则；应当遵循诚信原则，根据合同的性质、目的和交易习惯履行通知、协助、保密等义务；应当遵循绿色原则，避免浪费资源、污染环境和破坏生态。具体可参见《民法典》民事活动基本原则。

4.3.3 合同管理的概念与内容

"合同管理"一词在不同的场合有不同的含义。从广义上讲，工程项目合同管理有两个层次：第一层次是政府对工程合同的宏观管理，第二层次是合同当事人各方对合同实施的具体管理。

合同当事人各方对合同实施的具体管理，可以有不同的理解。一种是广义的理解，认为以合同为依据的所有管理工作，均可归入合同管理的范畴，包括质量、工期、费用、信息、沟通、风险等全部管理工作。包括合同主体依法进行合同订立、履行、变更、解除、转让、终止以及审查、监督、控制等系列行为。其中，订立、履行、变更、解除、转让、终止是合同管理的内容；审查、监督、控制是合同管理的手段。合同管理必须是全过程的、系统性的、动态性的。全过程是从合同的策划、洽谈、签订、生效开始，到合同的履行，直至合同失效为止的全部管理活动；系统性是凡涉及合同条款内容的各部门都要履行管理职责；动态性是注重履约全过程的情况变化，特别是要掌握对自己不利的变化，及时对合同进行修改、变更、补充、中止或终止。而狭义上对合同管理的理解，是指对合同执行的监控活动。总之，合同管理是工程项目管理的重要组成部分之一，不仅要重视签订前的合同管理，更要重视签订后的合同管理。

如上所述，合同管理的内容非常宽泛，我们在全面履行和管理的基础上，重点讨论几个关键问题：工程索赔、工程签证与工程变更，其中工程索赔将在第 5 单元详细阐述。

4.4 工程签证与工程变更

4.4.1 工程签证

工程签证，一般是指在施工合同履行过程中，承发包双方根据原合同约定原则或行业惯例，双方代表就施工过程中涉及合同价款之外的责任事件所做的签认证明（业界一般以技术核定单和业务联系单的形式体现）。通俗解释，相当于就合同价款之外的费用补偿、工期顺延以及因各种原因造成的损失赔偿达成的补充协议。工程签证是建设工程管理中的一项重要内容，它是保证被签证工程质量的重要组成部分，影响着工程造价的正确性和合理性。经书面确认的工程签证可以成为工程款支付的依据。

工程签证应贯穿于施工的全过程，涉及的范围广，是一项政策性、技术性和对工作责任心要求很高且繁杂、琐碎的工作。建设方和施工方都应遵循公开、公平、合法和诚实信用的原则，把它当作施工管理中的一件大事来抓，使每一份签证都做到内容明确、数据真实、手续齐全，防止相互串通、弄虚作假等不正常签证行为的发生。

1. 工程签证的分类

工程签证常见的有工程技术签证、工程工期签证、工程经济签证、工程隐蔽签证，适用于施工过程的各个阶段。

（1）工程技术签证。常用于施工组织设计方案、技术措施的临时修改或涉及的价款数额较大等的工程签证。

（2）工程工期签证。常用于因材料、设备进退场时间及业主原因等造成的延期开工、暂停开工、工期延误的工程签证，在工期提前奖励、工期延误罚款的计算时可发挥重要作用。

（3）工程经济签证。常用于因场地、环境、业主要求、合同缺陷、违约、设计变更或施工图错误等造成业主或承包商经济损失的工程签证。

（4）工程隐蔽签证。常用于基坑验槽记录、软地基处理、钢筋隐蔽验收等对工程结算影响较大、资料缺失无法补救时的工程签证。

2. 工程签证的七个原则

（1）准确计算原则。如工程量签证要尽可能做到详细、准确计算工程量，凡是可明确计算工程量套用综合单价（或定额单价）的内容，一般只能签工程量而不能签人工工日和机械台班数量。

（2）实事求是原则。如无法套用综合单价（或定额单价）计算工程量的内容，可只签所发生的人工工日或机械台班数量，但应严格把握，实际发生多少签多少，不得将其他因素考虑进去以增大数量进行补偿。

（3）及时处理原则。现场签证不论是承包商还是业主，均应抓紧时间及时处理，以免由于"时过境迁"而引起不必要的纠纷，且可避免现场签证日期与实际情况不符的现象产生。

（4）避免重复原则。在办理签证时，必须注意签证单上的内容与合同承诺、设计图、预算定额、费用定额、预算定额计价、工程量清单计价等所包含的内容是否有重复，对重复项目内容不得再计算签证费用。

（5）废料回收原则。因现场签证中许多是障碍物拆除和措施性工程，所以凡是拆除和措施性工程中发生的材料或设备需要回收的（不回收的需注明），应签明回收单位，并由回收单位出具证明。

（6）现场跟踪原则。为了加强管理、严格控制投资，凡是费用数额较大（具体额度由业主根据工程大小确定）的签证，在费用发生之前，承包商应与现场监理人员及造价审核人员一同到现场察看。

（7）授权适度原则。分清签证权限，加强签证管理，签证必须由谁来签认，谁签认才有效，什么样的形式才有效等事项必须在合同中予以明确。

3. 工程签证过程中存在的问题

（1）应当签证的未签证。有一些签证，如零星工程、零星用工等，发生的时候就应当及时办理签证。有很多业主在施工过程中随意性较强，施工中经常改动一些部位，既无设计变更，也不办理现场签证，到结算时补签证困难，从而引起纠纷。还有一些施工单位不清楚哪些费用需要签证，缺乏签证的意识。

（2）不规范的签证。现场签证一般情况下需要业主、监理、施工单位三方共同签字盖章才能生效。缺少任何一方都属于不规范的签证，不能作为结算的依据。

（3）违反规定的签证。有些业主没有配备专业工程投资控制人员，不了解工程造价方面的有关规定，个别施工单位就采取欺骗的手段，获得一些违反规定的签证。这类的签证也是不能被认可的。

4. 工程签证的注意事项

（1）现场签证必须是书面形式，手续要齐全，且部位、工程做法、工程量、变更原因等均应写清楚，还须另附图纸。

（2）工程名称、工程量的基本单位及计算规则应正确，材料的材质、设备的规格型号要标注清晰，工艺条件及技术要求应明确。

（3）工程签证时应灵活应变，工程施工比较集中、工程量较大的应实签工程量。而工程量很少、作业较分散的则可根据实际消耗量签人工、材料和机械台班量。

（4）在合同中已有约定的，不得再进行签证；如人工浮动工资、议价项目、材料价格等未在合同中约定的，应由相关管理人员以补充协议的形式进行约定，而不得以工程签证的形式替代。

（5）施工前应研究归纳出可能会发生的签证行为，同时在日常施工中做好签证证据的收集工作，并动态评估签证价值。

（6）工程签证发生时应及时办理，以"一次一签、一事一签、及时处理、及时审核"为原则，有效提高工程签证工作的效率。

（7）遇到设计变更或其他原因导致的工程量调整时，应根据先算后干的原则及时提出调整的工程预算，并定期报监理和业主进行审核，同时应规避边干边算及先干后算，以免工程结算时陷入被动。

5. 工程签证技巧

工程签证在工程施工管理中很重要，特别是低价中标后必须注意勤签证；当发生诸如合同变更、合同中没有约定、合同约定前后矛盾、对方违约等情况，需要及时办理费用签证、工期签证或者费用和工期签证。

各类合同类型签证内容：可调价合同至少要签到量；固定单价合同至少要签到量、单价；固定总价合同至少要签到量、价、费；成本加酬金合同要签到工、料（材料规格要注明）、机（机械台班配合人工问题）。如能附图的尽量附图。另外签证中还要注明列入税前造价还是税后造价。

同时要注意以下填写内容的优先次序：
1）能够直接签总价的最好不要签单价。
2）能够直接签单价的最好不要签工程量。
3）能够直接签结果（包括直接签工程量）的最好不要签事实。

总之，要尽量清楚明了，避免产生争议。

6. 其他需要填写的内容

其他需要填写的内容主要有何时、何地、何因、工作内容、组织设计（人工、机械）、工程量（有数量和计算式，必要时附图）、有无甲供材料，签证的描述（要求客观、准确），隐蔽签证要以图纸为依据，标明被隐蔽部位、项目和工艺、质量完成情况，如果被隐蔽部位工程量在图纸上不确定，还要标明几何尺寸，并附上简图，施工以外的现场签证，必须写明时间、地点、事由、几何尺寸或原始数据，不能笼统地签注工程量和工程造价。签证发生后应根据合同规定及时处理，审核应严格执行国家定额及相关规定。

7. 涉及费用签证的填写要有利于计价

不同计价模式下填列的内容要注意：如果有签证结算协议，填列的内容要与协议定价口径一致；如无签证协议，按原合同计价条款或参考原协议计价方式计价。另外，签证的方式要尽量围绕计价依据（如定额）的计算规则办理。

8. 如何对待甲方拒签

在编制签证之前，首先要熟悉合同的有关约定，针对重点问题展开签证理由。同时，应当站在对方的角度来陈述理由和罗列签证内容，这样既容易获得签证，又使签证人感觉不用承担风险，只有这样对方才会容易接受并签证，否则对方会不愿意接受并拒签。

如果遇到对方有意不讲道理地拒签，实践中可以采用收发文的形式送达甲方。不需要强逼甲方在签证单上签字，只需要在收发文本上签字，这样就可以证明已经收到己方的发文，即使甲方不在签证单签字，超过法定时间，签证也自动生效。

4.4.2 工程变更

工程变更是指承包人根据监理签发设计文件及监理变更指令进行的、在合同工作范围内各种类型的变更，包括合同工作内容的增减，合同工程量的变化，因地质原因引起的设计更改，根据实际情况引起的结构物尺寸、标高的更改，合同外的任何工作等。

工程变更往往会导致费用变更，需要严格按照合同约定及时完成费用变更相关手续，否则可能会失去补偿机会与索赔权利。

4.5 分包合同管理

建设工程合同具有周期长、工程量大、资金需求多、专业分工细等特点。单个承包人只靠自身的力量往往难以完成合同约定的任务，于是往往以分包形式让其他方加入到工程建设中来，以增强自身履约能力，并分担风险。

4.5.1 建设工程分包的含义

建设工程分包是相对总承包而言的。建设工程分包合同是工程分包活动的表现形式，是建筑施工中常见的合同形式。

工程分包是指经合同约定和发包人认可，从承包人承包的工程中承包部分工程的行为。

1. 选择分包商的原因

工程分包是建筑业实现社会化大生产的客观要求。首先，分包制度以施工生产专业化为基础，总承包商按分部分项工程或专业化工程将部分工程分包出去，促进了施工生产的专业化分工；其次，总承包商以合同为法律依据，对各分包商实施管理、监督、运筹与协调，体现了协作的要求。因此，工程分包是提高建筑业劳动生产率和经济效益的有效途径，也是国内外工程普遍采用的形式。

2. 建设工程分包合同的特征

（1）合同关系多而复杂。由于分包商处于分包地位，除了与总承包商有直接关系外，分包商有自己的材料供应商、劳务、租赁、保险、运输以及技术咨询等。他们之间有着极为复杂的关系，形成了一个严密的合同网络。

知识链接　工程质量责任界定

（2）合同管理受外界影响大、风险大。尤其对于一些专业工种，如设备安装、智能化设施施工、钢结构工程施工等，往往技术要求高、技术性风险大、外界的影响因素多。

3. 分包商与总承包商、工程师、业主的关系

（1）分包商与总承包商的关系。分包商与总承包商本质上是平等的合同关系，不存在总承包商是分包商的管理单位的关系。但是，在安全生产和施工现场的统一管理上，分包商必须服从总承包商的管理。同时，根据《建筑法》的规定："总承包单位和分包单位就分包工程对建设单位承担连带责任。"

（2）分包商与工程师的关系。分包商和工程师之间没有直接的合同关系，但分包商须得到工程师的审查和批准，从分包合同的签订到施工都离不开工程师。工程师有权对分包商发出指令，但须经总承包商确认，分包商必须遵守并执行经总承包商确认的工程师的指令。

（3）分包商与业主的关系。由于分包合同是分包商和总承包商之间的协议，从法律角度讲，业主与分包商之间没有合同关系，即业主对分包商既无合同权利又无合同义务。但《建筑法》规定："总承包单位和分包单位就分包工程对建设单位承担连带责任。"

【应用案例】 原告（反诉被告）：某市某房地产开发有限公司

被告（反诉原告）某省某建设工程总公司

原、被告双方于 2012 年 2 月 8 日按照《建设工程施工合同（示范文本）》签订了施工合同，由被告（反诉原告）完成原告（反诉被告）开发的某房地产项目，该工程包括 1 栋回迁楼和 2 栋商品楼。合同规定了工程建筑面积 31677m²，工程造价 32807820 元（暂定），付款方式为按进度付款。工程 2012 年 3 月 1 日开工，竣工日期为 2013 年 10 月 25 日。原、被告在履行合同中，于 2012 年 9 月 19 日签订纪要（以下称《9.19 会议纪要》），对施工合同内容做了部分变更。纪要约定，被告（反诉原告）在 2012 年内确保工程主体完工，原告（反诉被告）确保落实工程资金 1700 万元（含前期已付工程款）。双方在履行合同中，因资金及工程进度问题产生矛盾，被告（反诉原告）于 2012 年国庆节前基本停工。为此，原告（反诉被告）起诉至某中级人民法院，要求解除双方合同。原告（反诉被告）还认为工程质量存在问题，被告（反诉原告）未按照设计图进行施工，擅自将地下室的混凝土浇筑厚度由 24mm 改为 12mm。被告（反诉原告）则提出反诉，认为原告（反诉被告）拖欠巨额工程款，经多次催要仍拒不支付才被迫停工，要求原告（反诉被告）支付工程款；工程无质量问题，地下室的混凝土浇筑厚度由 24mm 改为 12mm，是原告（反诉被告）要求的。被告（反诉原告）认为：该项目从 2012 年 3 月 1 日开工至 2012 年 9 月，原告（反诉被告）从未按合同要求按时支付工程款，到 2012 年 9 月被告（反诉原告）已完成工程量 1300 万元，而原告（反诉被告）仅支付工程款 507 万元，拖欠工程款近 800 万元。人民法院审理后查明：原告（反诉被告）确实拖欠了巨额工程款；地下室的混凝土浇筑厚度由 24mm 改为 12mm，工程师的确下达过口头变更指令，原告（反诉被告）也予以承认。

问题：（1）该工程采用的是哪一种施工合同？是否妥当？为什么？

（2）《9.19 会议纪要》对施工合同的修改是否有效？为什么？

（3）承包人的停工是否妥当？为什么？

（4）如果发包人否认工程师曾经下达过口头变更指令，也无其他证据证明工程师曾经下达过口头变更指令，则承包人是否应当承担违约责任？为什么？

4.5.2 建设工程分包的种类

建设工程分包按分包的内容可分为专业工程分包和劳务作业分包。

1. 专业工程分包

专业工程分包是指施工总承包企业将其所承包工程中的专业工程发包给具有相应资质的其他建筑企业完成的活动。专业工程分包的承包人必须自行完成所承包的工程。专业工程分包一般适用于技术含量较高、施工较复杂的工程项目。

2. 劳务作业分包

劳务作业分包是指施工总承包企业或者专业承包企业将其承包工程中的劳务作业发包给劳务企业完成的活动。劳务作业分包由劳务作业发包人与劳务作业承包人通过劳务合同约定，劳务作业分包人必须自行完成所承包的任务。一般将劳务作业分包商作为总承包商施工力量或资源调配的补充。劳务作业分包一般适用于技术较为简单、劳动密集型的工程项目。

3. 专业工程分包和劳务作业分包两者的区别

（1）合同主体不同。专业工程分包合同由总承包人与专业分包商签订；而劳务作业分包合同由总承包人与劳务分包商签订。

（2）合同标的不同。专业工程分包合同的标的是分部分项工程，计取分包工程款；而劳务作业分包合同的标的是施工劳务，计取的是劳务报酬。

【思考与讨论】

备注说明：本栏目为小组学习任务，教师将根据各小组研讨记录及组长评价，计入平时成绩。

1. 分析建设工程合同的特征，对我们有什么启示。
2. 分析合同文件的组成及解释顺序，讨论是否合理。
3. 分析不可抗力的界定与责任分担。
4. 分析探讨合同履行与合同管理的区别与联系。
5. 深入理解什么是工程签证以及做好现场签证的重大现实意义。
6. 设计若干工程变更情境，描述承包商正确做法。
7. 简要分析分包合同与总承包合同的异同。
8. 讨论作为施工项目承包商，在施工过程中可能与哪些单位发生关系，以及具体是什么关系。施工单位处于什么地位，如何处理好这些关系。
9. 讨论遵循合同签订与履行原则，对当事人、单位、项目、社会多层次的重大意义。

自 测 题

一、单项选择题

1. 实行工程量清单报价宜采用（   ）合同，承发包双方必须在合同专用条款内约定风险范围和风险费用的计算方法。
   A. 固定单价　　　　B. 固定总价　　　　C. 成本加酬金　　　D. 可调价格
2. 我国《建设工程施工合同（示范文本）》由（   ）三部分组成。
   A. 协议书、合同条款和工程图纸
   B. 协议书、合同条款和专用条款
   C. 合同条款、专用条款和工程图纸
   D. 协议书、通用条款和专用条款
3. 《建设工程施工合同（示范文本）》组成的优先解释顺序是（   ）。
   A. 协议书、通用条款、专用条款和附件
   B. 协议书、专用条款、附件和通用条款
   C. 协议书、专用条款、通用条款和附件
   D. 专用条款、通用条款、附件和协议书
4. 《建设工程施工合同（示范文本）》协议书中，需要明确的是（   ）。
   A. 总监理工程师　　B. 发包人代表　　　C. 项目经理　　　　D. 设计方负责人
5. 承包人按照合同约定对工程承担保修责任的期限，称为（   ）。
   A. 缺陷责任期　　　B. 工期　　　　　　C. 保修期　　　　　D. 过渡期
6. 发包人和承包人在合同协议书中确定的总金额，称为（   ）。
   A. 合同价　　　　　B. 签约合同价　　　C. 暂定金额　　　　D. 合同总价

7. 除专用合同条款另有约定外，（　　）应根据施工需要，负责取得出入施工现场所需的批准手续和全部权利，以及取得因施工所需修建道路、桥梁以及其他基础设施的权利。
　　A. 发包人　　　　B. 承包人　　　　C. 监理人　　　　D. 当事人

8. 承包人需要更换项目经理的，应提前（　　）天书面通知发包人和监理人，并征得发包人书面同意。
　　A. 14　　　　　　B. 28　　　　　　C. 7　　　　　　　D. 3

9. 工程师对已经验收合格的隐蔽工程要求重新检验，如果检验结果不合格，则（　　）。
　　A. 承包人承担发生的全部费用，工期不予顺延
　　B. 发包人承担发生的全部费用，工期不予顺延
　　C. 承包人承担发生的全部费用，工期相应顺延
　　D. 发包人承担发生的全部费用，工期相应顺延

10. 按合同约定的工作内容和施工进度要求，承包人编制施工组织设计和施工措施计划，经监理人和发包人审查批准后实施。如果因上述计划不周而出现问题，由（　　）。
　　A. 承包人与监理人承担连带责任　　　B. 承包人负责
　　C. 发包人负责　　　　　　　　　　　D. 发包人与监理人承担连带责任

11. 合同当事人进行商定或确定时，总监理工程师应当会同合同当事人尽量通过协商达成一致，不能达成一致的，（　　）。
　　A. 先按照发包人的意见办理
　　B. 先按照承包人的意见办理
　　C. 工程暂停，解决争议
　　D. 由总监理工程师按照合同约定审慎作出公正的决定

12. 除专用合同条款另有约定外，工程隐蔽部位经承包人自检确认具备覆盖条件的，承包人应在共同检查前（　　）h 书面通知监理人检查。
　　A. 6　　　　　　　B. 12　　　　　　C. 24　　　　　　D. 48

13. 除专用合同条款另有约定外，发包人应在开工后28d内预付安全文明施工费总额的（　　），其余部分与进度款同期支付。
　　A. 25%　　　　　　B. 50%　　　　　　C. 75%　　　　　D. 100%

14. 合同约定由承包人采购的材料、工程设备，以下说法错误的是（　　）。
　　A. 为了保证采购质量，必要时发包人可以指定生产厂家或供应商
　　B. 发包人指定生产厂家或供应商的，承包人有权拒绝
　　C. 承包人采购的材料和工程设备，应保证产品质量合格，承包人应在材料和工程设备到货前24h通知监理人检验
　　D. 法律规定材料和工程设备使用前必须进行检验或试验的，承包人应按监理人的要求进行检验或试验

15. 承包人应在收到变更指示后（　　）天内，向监理人提交变更估价申请。监理人应在收到承包人提交的变更估价申请后（　　）天内审查完毕并报送发包人，监理人对变更估价申请有异议的，通知承包人修改后重新提交。发包人应在承包人提交变更估价申请后（　　）天内审批完毕。

A. 7　　　　　　B. 10　　　　　　C. 14　　　　　　D. 28

16. 工程竣工验收，一般由（　　）组织。

A. 发包人　　　　B. 监理人　　　　C. 承包人　　　　D. 设计人

17. 工程经竣工验收合格的，以（　　）为实际竣工日期。

A. 承包人提交竣工验收申请报告之日

B. 实际竣工验收之日

C. 签发工程接收证书之日

D. 实际转移占有工程之日

18. 对于竣工验收不合格且无法采取措施补救的，发包人可以（　　）。

A. 拒绝接收全部工程

B. 拒绝接收部分工程（不合格部分）

C. 拒绝接收全部或部分工程

D. 只能拒绝接收不合格部分工程

19. 在施工合同履行中，如果工程师口头指令，最后没有以书面形式确认，但承包人有证据证明工程师确实发布过口头指令，此时可以认定口头指令的效力（　　）。

A. 构成合同的组成部分

B. 不能构成合同的组成部分

C. 成为承包人索赔的证据

D. 无效

二、多项选择题

1. 以下关于《建设工程施工合同（示范文本）》的描述，正确的有（　　）。

A. 《建设工程施工合同（示范文本）》是强制性条文，必须依法使用

B. 适用于房屋建筑工程、土木工程、装修工程等建设工程的施工承发包活动

C. 适用于线路管道和设备安装工程等建设工程的施工承发包活动

D. 《建设工程施工合同（示范文本）》为非强制性使用文本

E. 适用于所有建设工程的施工承发包活动

2. 以下属于施工合同文件组成部分的有（　　）。

A. 招标文件　　　　　　　　B. 中标通知书

C. 通用条款　　　　　　　　D. 图纸

E. 专用条款及其附件

3. 除专用合同条款另有约定外，以下（　　）等知识产权属于发包人。

A. 施工组织设计

B. 设计图

C. 承包人为实施工程所编制的施工方案

D. 承包人在合同签订前已确定采用的专利、专有技术和技术秘密等

E. 发包人为实施工程自行编制或委托编制的技术规范

4. 发包人提供的工程量清单，出现下列情形之一时，发包人应予以修正，并相应调整合同价格（　　）。

A. 工程量清单存在缺项、漏项的

B. 工程量清单偏差超出专用合同条款约定的工程量偏差范围的
C. 未按照国家现行计量规范强制性规定计量的
D. 工程量清单出现偏差的
E. 承发包双方协商一致

5. 我国《建设工程施工合同（示范文本）》规定，属于承包人应当完成的工作有（　　）。

A. 办理施工所需的证件
B. 提供和维修非夜间施工使用的照明设备
C. 按规定办理施工噪声有关手续
D. 负责已完成工程的成品保护
E. 保证施工场地清洁符合环境卫生管理的有关规定

6. 以下属于发包人责任的有（　　）。

A. 提供基础资料
B. 提供施工条件
C. 组织竣工验收
D. 提供资金来源证明及支付担保
E. 提供施工现场管理规定

7. 关于分包，以下说法正确的有（　　）。

A. 承包人应按专用合同条款的约定进行分包，确定分包人
B. 分包人就分包工程向发包人承担责任
C. 承包人应在分包合同签订后 7d 内向发包人和监理人提交分包合同副本
D. 分包合同价款由承包人与分包人结算，也可以由发包人向分包人直接支付
E. 承包人和分包人就分包工程向发包人承担连带责任

8. 关于工程质量，以下说法正确的有（　　）。

A. 对于发包人和监理人的指令，承包人必须执行，但后果由发包人承担
B. 承包人应按照法律规定和发包人的要求，对材料、工程设备以及工程的所有部位及其施工工艺进行全过程的质量检查和检验
C. 工程质量标准由承发包双方协商确定
D. 除专用合同条款另有约定外，工程隐蔽部位经承包人自检确认具备覆盖条件的，承包人应在共同检查前 48h 书面通知监理人检查
E. 承包人覆盖工程隐蔽部位后，监理人对质量有疑问的，可要求承包人对已覆盖的部位进行钻孔探测或揭开重新检查，承包人应遵照执行

9. 隐蔽工程经监理人检查确认质量符合隐蔽要求，并在验收记录上签字后，发现工程质量问题，以下说法错误的有（　　）。

A. 承包人和监理人共同负责
B. 承包人和监理人承担连带责任
C. 承包人自己负责
D. 监理人负责
E. 发包人与监理人共同负责

10. 关于安全文明施工费，以下描述正确的有（　　）。

A. 承包人对安全文明施工费应专款专用，不得挪作他用

B. 因基准日期后合同所适用的法律或政府有关规定发生变化，增加的安全文明施工费由发包人承担

C. 承包人经发包人同意采取合同约定以外的安全措施所产生的费用，由发包人承担

D. 承包人未经发包人同意采取合同约定以外的安全措施所产生的费用，如果该措施避免了发包人的损失，则发包人在避免损失的额度内承担该措施费

E. 除专用合同条款另有约定外，发包人应在开工后28d内预付安全文明施工费总额的60%，其余部分与进度款同期支付

11. 关于施工组织设计的编制与修改，以下说法正确的有（　　）。

A. 施工组织设计，需经发包人批准后实施

B. 承包人提交施工组织设计后，监理人有权提出修改意见

C. 监理人对承包人提交的施工组织设计提出修改意见后，承包人修改后重新提交审批

D. 经监理人、发包人批准后实施的施工组织设计，再有问题则三方共同负责

E. 监理人对承包人提交的施工进度计划的确认，不能减轻或免除承包人根据法律规定和合同约定应承担的任何责任或义务

12. 在合同履行过程中，因下列情况导致工期延误和（或）费用增加的，由发包人承担由此延误的工期和（或）增加的费用，且发包人应支付承包人合理的利润（　　）。

A. 第三方原因

B. 发包人未能按合同约定日期支付工程预付款、进度款或竣工结算款的

C. 监理人未按合同约定发出指示、批准等文件的

D. 不可抗力

E. 发包人未能按合同约定提供基础资料，影响开工的

13. 关于材料、工程设备和工程的试验和检验，以下说法正确的有（　　）。

A. 由发包人提供试验场所、试验人员、试验设备以及其他必要的试验条件

B. 承包人对试验人员的试验程序和试验结果的正确性负责

C. 试验属于监理人抽检性质的，可由监理人取样，也可由承包人的试验人员在监理人的监督下取样

D. 承包人对由监理人单独进行的试验结果有异议的，可以申请重新共同进行试验

E. 约定共同进行试验的，监理人未按照约定参加试验的，承包人可自行试验，并将试验结果报送监理人，监理人应承认该试验结果

14. 除专用合同条款另有约定外，合同履行过程中发生以下情形的，应按照约定进行变更（　　）。

A. 增加或减少合同中任何工作，或追加额外的工作

B. 把合同中部分工作转由他人实施

C. 改变合同中任何工作的质量标准或其他特性

D. 改变工程的基线、标高、位置和尺寸

E. 改变工程的时间安排或实施顺序

15. 预付款应当用于（　　）。

A. 组织施工队伍进场

B. 订购建筑材料、工程设备

C. 租赁施工设备

D. 引进高层次人才

E. 修建临时工程

16. 关于工程试车，以下说法正确的有（　　）。

A. 单机无负荷试车，由承包人组织，试车费用由承包人承担

B. 无负荷联动试车，由发包人组织，试车费用由承包人承担

C. 投料试车，由承包人组织，试车费用由发包人承担

D. 无负荷联动试车，由发包人组织，试车费用由发包人承担

E. 投料试车，由发包人组织，试车费用由发包人承担

17. 关于质量保证金，以下说法正确的有（　　）。

A. 发包人累计扣留的质量保证金不得超过工程价款结算总额的3%

B. 发包人在退还质量保证金的同时按照中国人民银行发布的同期同类贷款基准利率支付利息

C. 质量保修期满，发包人应该结清扣留的全部质量保证金

D. 缺陷责任期从工程通过竣工验收之日起计算（或者工程保修期从工程竣工验收合格之日起计算）

E. 承包人对承包工程的保修以发包人扣留的质量保证金为限

18. 不可抗力导致的人员伤亡、财产损失、费用增加和（或）工期延误等后果，由发包人承担的有（　　）。

A. 已运至施工现场的材料的损坏

B. 因工程损坏造成的第三人财产损失

C. 承包人施工设备的损坏

D. 因不可抗力导致承包人停工，停工期间必须支付的工人工资

E. 因不可抗力导致承包人停工，因停工导致的损失

19. 承包人应在工程竣工验收前，与发包人签订工程质量保修书，其主要内容包括（　　）。

A. 保修范围　　　　　　　　B. 保修内容

C. 保修期限　　　　　　　　D. 保修担保

E. 保修程序

20.《中华人民共和国担保法》规定的担保方式有（　　）。

A. 保函　　　　　　　　　　B. 抵押

C. 保证　　　　　　　　　　D. 留置

E. 定金

21. 建设工程合同是一种（　　）。

A. 有偿合同　　　　　　　　B. 诺成合同

C. 双务合同　　　　　　　　D. 实践合同

E. 有名合同

22. 以下关于工程签证的说法，正确的有（   ）。
A. 工程签证只针对实际完成工程量
B. 工程签证可以作为实际施工情况佐证
C. 工程签证不宜采用口头形式
D. 工程签证实质上就是合同双方的补充协议
E. 工程变更必然会导致工程签证

单元五

建设工程索赔管理

📊 单元导读

建设工程索赔在工程建设中并不鲜见，工程索赔事项困扰着很多施工单位，也是学生未来工作岗位上需要面对和处理的一类事项。建设工程索赔管理也是建设工程合同管理中很重要的一部分，事关维护自己的合法权益，最终实现合同目的。为此学生要掌握建设工程索赔的处理方法，包括索赔的依据、索赔的程序、索赔额的计算、索赔报告的编写及注意事项等。通过学习，能针对项目案例进行工程索赔。

🎯 学习目标

1. 熟悉索赔的概念、索赔的原因及索赔类型
2. 掌握索赔的依据、程序、时限
3. 掌握索赔费用的构成
4. 掌握索赔额的计算方法
5. 掌握索赔报告的编制方法
6. 熟悉施工合同索赔与反索赔策略与技巧

📋 课程思政

以合同的"签订与履行"为载体，以"守约合规、诚信与公平"为基础，以"专业技术"为支撑，以"合作与共赢"为目标，以"教师引导、学生体验"为主要方法，将课程思政融于"施工索赔"教学全过程。

📝 学习任务

备注说明：本栏目为学生个体学习任务，边学边完成，根据需求自己附页，教师将学生完成情况，计入平时成绩。

1. 常见的关于价款方面的索赔有哪些？
2. 常见的关于工期的索赔情况有哪些？
3. 物价上涨会引起工程索赔吗？

4. 简述总索赔和单项索赔的适用情况。

5. 简要分析工期索赔和费用索赔的适用情况。

6. 在实际工作中,"工程变更"与"工程索赔"都会经常遇到,分析合同变更中"变更工程价款和工期顺延"与索赔事件中"工期索赔和费用索赔"两者的本质区别。

导学案例

某大型综合体公建项目,地下3层,地上12层,总建筑面积302 360.61m²。合同约定,合同履行期间人工、材料市场价格波动±5%作为承包方风险范围。承包方于2015年12月2日开工,因设计调整等原因,项目于2017年3月31日全面停工,直至2017年10月1日才全面复工。由于停工时间较长,其间人工、材料价格大幅上涨,双方就非承包方原因引起的价格调整产生较大的争议。

请思考:施工过程中,非因承包方的原因引起的工期延长,承包方可采取什么方式处理?期间材料及人工价格上涨如何调差?

5.1 建设工程索赔的概念及特征

建设工程索赔是在工程合同履行过程中,合同当事人一方因对方不履行、未能正确履行合同或者由于其他非自身因素而受到经济损失或其他权利损害,通过合同规定的程序向对方提出经济或时间补偿要求的行为。索赔是一种正当的权利要求,它是合同当事人之间一项正常的而且普遍存在的合同管理业务,是一种以法律和合同为依据的合情合理的行为。

5.1.1 建设工程索赔的概念

在我国,《民法典》合同编、《建筑法》中都对建设工程索赔作出了相应规定,目前广泛采用的建设工程合同示范文本中也有相应的索赔条款。

一般意义的索赔是指当事人依据自己享有的权利向某一方提出的有关资格、财产、金钱及其他方面的赔偿要求。

建设工程索赔则是指在合同履行过程中,当事人一方对于并非自己的过错而是应由对方承担责任的情况造成的实际损失,向对方提出的经济补偿和(或)工期顺延的要求。

5.1.2 建设工程索赔的特征

从建设工程索赔的概念来看,建设工程索赔具有以下几个特征:

1. 建设工程索赔是双向的

在建设工程中,索赔具有双向性,承包商可以向业主索赔,业主也可以向承包商索赔。由于工程实践中承包商向业主索赔发生的频率高,业主向承包商的索赔频率低,因此狭义理解"索赔"一般是指承包人向业主进行的索赔,而业主向承包人进行的索赔称为"反索赔"。

2. 建设工程索赔是一种补偿行为,而非惩罚行为

建设工程尤其是规模大、工期长、结构复杂工程的施工,由于受到水文气象、地质条件变化的影响,以及规划变更和其他一些人为因素的干扰,超出合同约定的条件及相关事项可谓层出不穷,当事人尤其是承包方往往会遭受意料之外的损失。因此在建设工程实施过程中，索赔是一件非常正常而且非常普遍的事情，就如同工程的变更、价款的调整一样正常，索赔并不是合同双方的矛盾对立，而应当将其作为建设工程管理中的正常事务来解决，是一种补偿行为。

3. 建设工程索赔是一种未经对方确认的单方行为

建设工程索赔可以是当事人一方的行为引起的，也可以是任何第三方行为（包括不可抗力等因素）引起的，索赔是一种未经对方确定的单方行为，对对方尚未形成约束力，其索赔能否实现必须经过确认，索赔损失结果与被索赔人的行为并不一定存在法律上的因果关系。

5.2 建设工程索赔的分类及原因

5.2.1 建设工程索赔的分类

1. 按索赔目的分类

（1）工期索赔。由于非承包商责任的原因导致施工进程延误，要求批准顺延合同工期的索赔，称为工期索赔。工期索赔形式上是对权利的要求，以避免在原定合同竣工日不能完工时，被发包人追究延期违约责任。

（2）费用索赔。费用索赔的目的是要得到经济补偿，当施工的客观条件发生变化，导致承包商增加开支，承包商对超出计划成本的附加开支要求给予补偿，以挽回不应由其承担的经济损失就属于费用索赔。

2. 按索赔依据分类

（1）合同内索赔。即索赔以合同条文作为依据，发生了合同规定给承包人以补偿的干扰事件，承包人根据合同规定提出索赔要求。这是最常见的索赔，在合同文件中，有文字规定的合同条款称为"明示条款"。

（2）合同外索赔。即工程过程中发生的干扰事件的性质已经超过合同范围，在合同中找不出具体的依据，但可以依据该合同的某些条款的含义，推论出承包人有索赔权，一般根据适用于合同关系的法律解决索赔问题。这种经济补偿含义的条款，在合同管理工作中被称为"默示条款"或"隐含条款"。

（3）道义索赔。即由于承包人失误（如报价失误、环境调查失误等），或发生承包人应负责的风险而造成承包人重大的损失，承包人提出的索赔要求。

3. 按索赔主体分类

（1）索赔。按索赔当事人分类，主要有以下四种类型：

1）承包商与发包商间的索赔。这类索赔大多是有关工程量、计算工程变更、工期、质量和价格方面的争议，当然也有终止合同等其他违约行为的索赔。

2）承包商与分包商间的索赔。若在承包合同中存在总承包又存在分包合同，就会涉及总承包商与分包商之间的索赔。这类索赔一般情况下体现为分包商向总承包商索要付款和赔偿；总承包商对分包商罚款或者扣留支付款等。

3）承包商与供应商间的索赔。这类索赔多体现在商品买卖方面，如商品的质量不符合技术要求、商品数量上的短缺、迟延交货、运输损坏等。

4）承包商与保险商间的索赔。这类索赔多是承包商受到灾害、事故或损失，依照保险合同向其投保的保险公司索赔。

（2）反索赔。反索赔就是反驳、反击或者防止对方提出的索赔，不让对方索赔成功或者全部成功。一般认为，索赔是双向的，业主和承包商都可以向对方提出索赔要求，任何一方也都可以对对方提出的索赔要求进行反驳和反击，这种反击和反驳就是反索赔。反索赔主要有以下六种类型：

1）工期延误反索赔。在工程施工过程中，由于承包商的责任，致使竣工日期延后，影响到业主对该工程的利用，给业主带来经济损失，业主有权对承包商进行索赔，由承包商支付延期竣工违约金。

2）施工缺陷索赔。当承包商的施工质量不符合施工及验收规范的要求，或使用的设备和材料不符合合同规定，或在保修期未满以前未完成应该负责修补的工程时，业主有权向承包商进行索赔。

3）承包商未履行的保险费用索赔。如果承包商未能按合同条款指定的项目投保，并保证保险有效，业主可以投保并保证保险有效，业主所支付的必要的保险费可在应支付给承包商的款项中扣回。

4）对超额利润的索赔。在实行单价合同的情况下，如果实际工程量比估计工程量增加很多，使承包商预期的收入增大，则合同价应由双方讨论调整，业主收回部分超额利润。

5）对指定分包商的付款索赔。在承包商未能提供已向指定分包商付款的合理证明时，业主可以将承包商未付给指定分包商的所有款项付给这个分包商，并从应付给承包商的任何款项中如数扣回。

6）业主终止合同或承包商不正当地放弃工程的索赔。如果业主合理地终止承包商的承包，或承包商不合理地放弃工程，则业主有权从承包商手中扣回由新承包商完成全部工程所需的工程款与原合同未支付部分的差额。

4. 按索赔的处理方式分类

（1）单项索赔。单项索赔是针对某一干扰事件提出的。索赔的处理是在合同实施过程中，干扰事件发生时，或发生后立即进行。它由合同管理人员处理，并在合同规定的索赔有效期内向发包人提交索赔意向书和索赔报告。

（2）综合索赔。又称总索赔、一揽子索赔，这是在国际工程中经常采用的索赔处理和解决方法。一般在工程竣工前，承包人将工程过程中未解决的单项索赔集中起来，提出一份总索赔报告。合同双方在工程交付前或交付后进行最终谈判，以一揽子方案解决索赔问题。

5.2.2 建设工程索赔的原因

在建设工程合同实施过程中，可以提起索赔的原因有很多，主要有以下几方面内容：

1. 因合同文件缺陷引起的索赔

在施工合同中，由于合同文件本身用词不严谨，前后矛盾或存在漏洞、缺陷而引起的索赔经常会出现。这些矛盾常反映为设计与施工规定相矛盾，技术规范和设计图不符合或相矛盾，以及一些商务和法律条款规定有缺陷，甚至引起支付工程款时的纠纷。在这种情况下，承包人应及时将这些矛盾和缺陷反映给监理工程师，由监理工程师作出解释。若承包人执行监理工程师的解释指令后，造成施工工期延长或工程成本增加，则承包人可提出索赔要求。

监理工程师应予以证明，发包人应给予相应的补偿。

2. 因风险分担不均引起的索赔

不论是发包人还是承包人，在工程建设的过程中都承担着合同风险。然而，由于建筑市场的激烈竞争，发包人通常处于主导地位，而承包人则被动一些。双方承担的合同风险也并不总是均等的，承包人往往承担了更多的风险。承包人在遇到不可预测和不可避免的风险时，可以通过索赔的方法来减少风险所造成的损失，发包人应该适量地弥补由于各种风险所造成的承包人的经济损失，以求公平合理地分担风险。

3. 因不可抗力和不可预见因素引起的索赔

不可抗力包括自然、政治、经济、社会等各方面的因素，如地震、暴风雨、战争、内乱等，是发包人和承包人都无法控制的。不可预见因素是指事先没有办法预料到的意外情况，如遇到地下水、地质断层、熔岩孔洞、沉陷、地下文物遗址、地下实际隐藏的障碍物等。这些情况可能是承包人在招标前的现场考察中无法发现，而发包人在资料中又未提供的，而一旦出现这些情况，承包人就需要花费更多的时间和费用去排除这些障碍和干扰。对于这些不可抗力和不可预见因素引起的费用增加或工期延长，承包人可以提出索赔要求。

因不可抗力和不可预见因素导致的费用增加和延误的工期，由双方按以下原则分别承担：

（1）工程本身的损害。因工程损害导致第三方人员伤亡和财产损失，以及运至施工场地用于施工的材料和待安装的设备的损坏，由发包人承担。

（2）承发包人双方人员的伤亡损失，分别由各自负责。

（3）承包人机械设备的损坏及停工损失，由承包人承担。

（4）停工期间，承包人应工程师要求留在施工场地的必要的管理人员及保卫人员的费用，由发包人承担。

（5）工程所需清理、修复费用，由发包人承担。

（6）延误的工期相应顺延。

4. 因发包人方面的原因引起的索赔

施工合同的双方是通过验收与付款而维持彼此之间的合同关系的，如果发生类似发包人不在规定时间内付款，干扰阻挠工程师发出支付证书，不按合同规定为承包人提供施工必需的条件或发生发包人提前占有部分永久工程，提供的原始资料和数据有差错，指定的分包商违约等情况而致使承包人遭受损失的，承包人有权得到经济补偿或工期延长。另外，对于发包人要求加速施工或进行工程变更而导致费用增加，承包人也有权提出索赔要求。

《建设工程价款结算暂行办法》规定如下：

（1）发包人不按合同约定支付工程预付款，承包人应在预付款时间到期后10天内向发包人发出要求付款的通知，发包人收到通知后仍不付款，承包人可在发出通知14天后停止施工，发包人应从约定应付之日起向承包人支付应付款利息，并承担违约责任。

（2）发包人不按合同约定支付工程进度款，双方又未达成延期付款协议，导致施工无法进行，承包人可停止施工，由发包人承担违约责任。

5. 因物价上涨引起的索赔

建筑市场变化多端，各种建筑材料、机械设备以及劳动力的价格也会时常变化，这些价格的变化势必会引起承包人施工成本的变化，因价格的变化引起的承包人费用的增加，发包人应当予以补偿。在直接影响工程造价的某些物价上涨情况下，按工程造价管理部门发布的在建工程材料预算价格调整、建筑材料的市场价与预算定额价差的有关规定处理。根据全国的实际情况，目前可根据各省市定额站颁发的材料预算价格调整系数及材料价差对合同价款进行调整，待材料价格指数逐步完善后，可采用动态计算中的公式进行自动调整。

6. 因监理方原因引起的索赔

工程施工过程中，监理工程师受发包人委托来对工程建设中的承包人进行监督管理，严格按合同规定和技术规范控制工程的投资、进度和质量，以保证合同顺利实施。为此，监理工程师可以发布各种必要的书面或口头的现场指令，这些指令常包括指令承包人进行一些额外的工作，如额外的工程变更，以适应施工现场的实际情况；指令承包人加速施工；指令更换某些材料；指令暂停工程或改变施工方法等。在监理工程师发布了这些指令，承包人按指令付诸实施后，有权向发包人提出索赔以获得费用补偿。另外，因监理工程师的不当行为引起的损失，如拖延审批图纸，重新检验和检查且结果符合设计要求，工程质量要求过高，或对承包人的施工进行不合理干预等，承包人也可以进行索赔。

7. 因货币贬值导致的索赔

在一些外资或中外合资项目合同中一般有货币贬值补偿的条款，索赔数额一般按官方正式公布的汇率计算。

8. 因其他方面的原因引起的索赔

其他方面的原因引起的索赔，如建设工程施工过程的难度和复杂性增大，建筑业经济效益的影响，在施工合同的履行过程中国家政策及法规发生变化等。

【案例分析】 针对导学案例的背景，承发包双方的主要争议点如下：

1. 承包方意见

（1）按"非承包方原因延误工期而遇材料涨跌的，延误期间的价格上涨费用由发包方承担，价差计入工程造价"的原则，承包方对2017年10月1日重新开工后所完成工程量，由于人工和材料价格上涨所造成的风险幅度承包方不予承担。

（2）对于2017年10月1日后完成工程量的人工及材料补差部分价款，应按时间进度分段计算，合同双方应根据当月已完工程量按造价信息中的所有人工及材料价格与投标文件编制期对应的造价信息中的所有人工及材料价格进行比较，调整相应价差。

2. 发包方意见

（1）材料价格涨跌属于不可预见风险，投标人在投标时应充分考虑材料价格涨跌的风险。

（2）根据合同第12.4.1条约定，施工过程中增加的任何费用，全部在竣工结算审核完成后支付。材料调差需结算审核完成后支付。

【知识应用】

1. 针对工期延误问题

在本案例中，工期延误责任明确，非因承包方的原因引起的工期延误，工期可顺延，承包方可就此提出索赔处理。

2. 针对延误期间材料及人工价格上涨调差问题

（1）根据《浙江省建设工程价格信息动态管理办法》（浙建〔2011〕1号）以及《关于进一步加强杭州市建设工程市场要素价格动态管理的指导意见》（杭建市〔2011〕198号）

文件的相关精神，即按"非承包方原因延误工期而遇材料涨跌的，延误期间的价格上涨费用由发包方承担，价差计入工程造价"的原则，承包方对 2017 年 10 月 1 日重新开工后所完成工程量，由于人工和材料价格上涨所造成的风险幅度不予承担。

（2）对于 2017 年 10 月 1 日后完成工程量的人工及材料补差部分价款，应按时间进度分段计算，合同双方应根据当月已完工程量按造价信息中的所有人工及材料价格与投标文件编制期对应的造价信息中的所有人工及材料价格进行比较，调整相应价差。

【知识链接】 《浙江省建设工程价格信息动态管理办法》（浙建〔2011〕1 号）

【总结提炼】 因停工造成的工期延误，如何进行人工和材料的调差，是实践中的难点问题，经常发生争议。调解过程中首先要分清延误责任，在此基础上，根据合同所引用的政策文件或合同条款约定，本着促进合同顺利履行的原则，按不同情况提出解决方案，最终为双方所接受并执行。

5.3 建设工程索赔的程序与证据

5.3.1 建设工程索赔程序

我国《建设工程施工合同（示范文本）》规定的施工索赔程序如下：
（1）索赔事件发生 28 天内向工程师发出索赔意向通知。
（2）发出索赔意向通知后的 28 天内向工程师提出补偿经济损失或延长工期的索赔报告及有关资料。
（3）工程师在收到承包人送交的索赔报告和有关资料后，于 28 天内给予答复，或要求承包人进一步补充索赔理由和证据。
（4）工程师在收到承包人送交的索赔报告和有关资料后 28 天内未给予答复，或未对承包人做进一步要求，视为该项索赔已经认可。
（5）当该索赔事件持续进行时，承包人应当阶段性向工程师发出索赔意向，在索赔事件终了后 28 天内向工程师提供索赔的有关资料和最终索赔报告。

5.3.2 建设工程索赔证据

在建设工程索赔中，非常重视索赔的证据，当事人在履行合同过程中要特别注意证词、证据的收集和保存。在实践中经常会由于证据资料不足而导致索赔失效，索赔人已经发生的损失得不到补偿。

索赔的证据要有"五性"，即真实性、完整性、时效性、全面性及法律证明效力性。

索赔证据是关系索赔成败的关键。只有在保存好完整的原始资料的情况下，才能将每一项索赔项目（分初步设计图、施工图和或设计变更的图纸、业主的书面指令、洽商记录和信函文件或每周例会纪要的记录、增加费用或支出的原始合同、单位以及实物照片等）整理成证据，来证明索赔的成立，以争取索赔成功。施工索赔证据如下：

（1）招标文件、投标书、中标通知书、工程预算书、工程量清单、施工合同及附件、工程图纸、技术规范、设计文件及有关技术资料、发包人认可的施工组织设计文件、开工报告、工程竣工质量验收报告。

（2）工程各项有关设计交底记录、变更图纸、变更施工指令。

（3）工程各项经发包人、监理工程师签字的签证。

（4）工程各项会议纪要、协议、往来信件、指令、信函、通知、答复。

（5）施工计划及现场实施情况记录、施工日报及工长日志、备忘录。

（6）工程送电、送水，道路开通、封闭的日期记录。

（7）工程停水、停电和干扰事件影响的日期及恢复施工的日期。

（8）工程预付款、进度款拨付的日期及数额记录。

（9）工程有关施工部位的照片及录像。

（10）工程会计核算资料。

（11）工程材料采购、订购、运输、进场、验收、使用等方面的凭据。

（12）国家、省、市有关影响工程造价、工期的文件。

（13）相关的法律法规。

5.4 建设工程索赔计算

5.4.1 费用索赔计算

1. 索赔费用组成

索赔费用的主要组成部分，与工程款的计价内容相似。我国现行规定参见《建筑安装工程费用项目组成》（建标〔2013〕44号）。我国的这种规定与国际上通行的做法还不完全一致。从原则上说，承包人有索赔权利的工程成本增加，都是可以索赔的费用。但是，对于不同原因引起的索赔，承包人可索赔的具体费用内容是不完全一样的。哪些内容可索赔，要按照各项费用的特点、条件进行分析论证。

（1）人工费。人工费的索赔包括由于完成合同之外的额外工作所花费的人工费用；非因承包商原因导致工效降低所增加的人工费用；超过法定工作时间加班劳动；法定人工费增长；非因承包商原因导致工程停工的人员窝工费和工资上涨费等。增加工作内容的人工费应按照计日工费计算，而停工损失费和工作效率降低的损失费按窝工费计算，窝工费的标准双方应在合同中约定。

（2）材料费。材料费的索赔包括由于索赔事项材料实际用量超过计划用量而增加的材料费；由于客观原因材料价格大幅度上涨；由于非承包人责任工程延期导致的材料价格上涨和超期储存费用。材料费中应包括运输费、仓储费以及合理的损耗费用。如果由于承包人管理不善，造成材料损坏失效，则不能列入索赔计价。承包人应该建立健全物资管理制度，记录建筑材料的进货日期和价格，建立领料耗用制度，以便索赔时能准确地分离出索赔事项所引起的材料额外耗用量。

为了证明材料单价的上涨，承包人应提供可靠的订货单、采购单，或官方公布的材料价格调整指数。

（3）施工机械使用费。施工机械使用费的索赔包括由于完成额外工作增加的机械使用费；由于非承包人责任工效降低增加的机械使用费；由于业主或监理工程师原因导致机械停工的窝工费。窝工费的计算，如系租赁设备，一般按实际租金和调进调出费的分摊计算；如系承包人自有设备，一般按台班折旧费计算，而不能按台班费计算，因台班费中已包括设备使用费。

（4）分包费用。分包费用索赔指的是分包人的索赔费，一般也包括人工、材料、机械使用费的索赔。分包人的索赔应如数列入总承包人的索赔款总额以内。

（5）现场管理费。索赔款中的现场管理费是指承包人完成额外工程、索赔事项工作以及工期延长期间的现场管理费，包括管理人员工资、办公、通信、交通费等。

（6）利息。在索赔款额的计算中，经常包括利息。利息的索赔通常发生于下列情况：拖期付款的利息；错误扣款的利息。至于具体利率应是多少，在实践中可采用不同的标准，主要有以下几种规定：

1）按当时的银行贷款利率。
2）按当时的银行透支利率。
3）按合同双方协议的利率。
4）按中央银行贴现率加三个百分点。

（7）总部管理费。索赔款中的总部管理费主要指的是工程延期期间所增加的管理费，包括总部职工工资、办公大楼、办公用品、财务管理、通信设施以及总部领导人员赴工地检查指导工作等开支。这项索赔款的计算，目前没有统一的方法。在国际工程施工索赔中，总部管理费的计算方法有以下几种：

1）按照投标书中总部管理费的比例（3%~8%）计算。

总部管理费=合同中总部管理费比率(%)×(直接费索赔款额+现场管理费索赔款额等)

2）按照公司总部统一规定的管理费比率计算。

总部管理费=公司管理费比率(%)×(直接费索赔款额+现场管理费索赔款额等)

3）以工程延期的总天数为基础，计算总部管理费的索赔额，计算步骤如下：

对某一工程提取的管理费=同期内公司的总管理费×该工程的合同额/同期内公司的总合同额

该工程的每日管理费=该工程向总部上缴的管理费/合同实施天数

索赔的总部管理费=该工程的每日管理费×工程延期的天数

（8）利润。一般来说，由于工程范围的变更、文件有缺陷或技术性错误、业主未能提供现场等引起的索赔，承包人可以列入利润。但对于工程暂停的索赔，由于利润通常是包括在每项实施工程内容的价格之内的，而延长工期并未削减某些项目的实施，也未导致利润减少。所以，一般监理工程师很难同意在工程暂停的费用索赔中加进利润损失。

索赔利润的款额计算通常与原报价单中的利润百分率保持一致。

2. 索赔费用的计算方法

索赔费用的计算方法有实际费用法、总费用法和修正的总费用法。

（1）实际费用法。实际费用法是计算工程索赔时最常用的一种方法。这种方法的计算原则是以承包人为某项索赔工作所支付的实际开支为根据，向业主要求费用补偿。

用实际费用法计算时，在直接费的额外费用部分的基础上，再加上应得的间接费和利润，即是承包人应得的索赔金额。由于实际费用法所依据的是实际发生的成本记录或单据，所以在施工过程中，系统而准确地积累记录资料是非常重要的。

（2）总费用法。总费用法就是当发生多次索赔事件以后，重新计算该工程的实际总费用，实际总费用减去投标报价时的估算总费用，即为索赔金额，公式如下：

索赔金额＝实际总费用－投标报价估算总费用

不少人对采用该方法计算索赔费用持批评态度，因为实际发生的总费用中可能包括了承包人的原因，如施工组织不善而增加的费用；同时投标报价估算的总费用也可能为了中标而设置得过低。所以这种方法只有在难以采用实际费用法时才应用。

（3）修正的总费用法。修正的总费用法是对总费用法的改进，即在总费用计算的原则上，去掉一些不合理的因素，使其更合理。修正的内容如下：

1）将计算索赔款的时段局限于受到外界影响的时间，而不是整个施工期。

2）只计算受影响时段内的某项工作所受影响的损失，而不是计算该时段内所有施工工作所受的损失。

3）与该项工作无关的费用不列入总费用中。

4）对投标报价费用重新进行核算：按受影响时段内该项工作的实际单价进行核算，乘以实际完成的该项工作的工程量，得出调整后的报价费用。

按修正后的总费用计算索赔金额的公式如下：

索赔金额＝某项工作调整后的实际总费用－该项工作的报价费用

修正的总费用法与总费用法相比，有了实质性的改进，它的准确程度已接近于实际费用法。

3. 索赔费用计算案例

【应用案例】 某高速公路项目由于业主修改高架桥设计，监理工程师下令承包人工程暂停一个月。在这种情况下，承包人可索赔哪些费用？

【案例分析】 可索赔如下费用：

（1）人工费。对于不可辞退的工人，索赔人工窝工费，应按人工工日成本计算；对于可以辞退的工人，可索赔人工上涨费。

（2）材料费。可索赔超期储存费用或材料价格上涨费。

（3）施工机械使用费。可索赔机械窝工费或机械台班上涨费。自有机械窝工费一般按台班折旧费计算；租赁机械一般按实际租金和调进调出的分摊费计算。

（4）分包费用。是指由于工程暂停分包人向总承包索赔的费用。总承包向业主索赔应包括分包人向总承包索赔的费用。

（5）现场管理费。由于全面停工，可索赔增加的现场管理费。可按日计算，也可按直接成本的百分比计算。

（6）保险费。可索赔延期一个月的保险费，按保险公司保险费费率计算。

（7）保函手续费。可索赔延期一个月的保函手续费，按银行规定的保函手续费费率计算。

（8）利息。可索赔延期一个月增加的利息支出，按合同约定的利率计算。

（9）总部管理费。由于全面停工，可索赔延期增加的总部管理费，可按总部规定的百分比计算。如果工程只是部分停工，监理工程师可能不同意总部管理费的索赔。

5.4.2 工期索赔计算

1. 工期延误的概念与分类

（1）工期延误的概念。工期延误又称为工程延误或进度延误，是指工程实施过程中任何一项或多项工作的实际完成日期迟于计划规定的完成日期，从而可能导致整个合同工期的延长。工期延误对合同双方一般都会造成损失。工期延误的后果是形式上的时间损失，实质上会造成经济损失。

（2）工期延误的分类。可按工期延误的原因、索赔要求和结果、延误工作在工程网络计划的线路、延误事件之间的关联性四种情况划分，具体划分如下：

1）按照工期延误的原因划分。

① 因业主和工程师原因引起的延误。由于业主和工程师的原因所引起的工期延误可能有以下几种：

a. 业主未能及时交付合格的施工现场。

b. 业主未能及时交付施工图。

c. 业主或工程师未能及时审批图纸、施工方案、施工计划等。

d. 业主未能及时支付预付款或工程款。

e. 业主未能及时提供合同规定的材料或设备。

f. 业主自行发包的工程未能及时完工或其他承包商违约导致的工程延误。

g. 业主或工程师拖延关键线路上工序的验收时间导致下道工序施工延误。

h. 业主或工程师发布暂停施工指令导致延误。

i. 业主或工程师设计变更导致工程延误或工程量增加。

j. 业主或工程师提供的数据错误导致的延误。

② 因承包商原因引起的延误。由于承包商原因引起的延误一般是因其管理不善所引起的，比如计划不周密、组织不力、指挥不当等，具体表现如下：

a. 施工组织不当，出现窝工或停工待料等现象。

b. 质量不符合合同要求而造成返工。

c. 资源配查不足。

d. 开工延误。

e. 劳动生产率低。

③ 不可控制因素引起的延误。例如因不可抗拒的自然灾害导致的延误、特殊风险如战争或叛乱等造成的延误、不利施工条件或外界障碍引起的延误等。

2）按照索赔要求和结果划分。

按照承包商的索赔要求和结果划分，工程延误可以分为可索赔延误和不可索赔延误。

① 可索赔延误。可索赔延误是指非承包商原因引起的工程延误，包括业主或工程师的原因和双方不可控制的因素引起的索赔。根据补偿的内容不同，可以进一步划分为以下三种情况：

a. 只可索赔工期的延误。

b. 只可索赔费用的延误。

c. 可索赔工期和费用的延误。

② 不可索赔延误。不可索赔延误是指因承包商原因引起的延误，承包商不应向业主提出索赔，而是应该采取措施赶工，否则应向业主支付误期损害赔偿。

3）按照延误工作在工程网络计划的线路划分。

按照延误工作所在工程网络计划的线路性质，工程延误可以划分为关键线路延误和非关键线路延误。

由于关键线路上任何工作（或工序）的延误都会造成总工期的推迟，因此非承包商原因造成关键线路延误都是可索赔延误。而非关键线路上的工作一般都存在机动时间，其延误是否会影响到总工期的推迟取决于其总时差的大小和延误时间的长短。如果延误时间少于该工作的总时差，业主一般不会给予工期顺延，但可能给予费用补偿；如果延误时间大于该工作的总时差，非关键线路的工作就会转化为关键工作，从而成为可索赔延误。

4）按照延误事件之间的关联性划分。

① 单一延误。单一延误是指在某一延误事件从发生到终止的时间间隔内，没有其他延误事件的发生。

② 共同延误。当两个或两个以上的延误事件从发生到终止的时间完全相同时，这些事件引起的延误称为共同延误。共同延误的补偿分析比单一延误要复杂一些。当业主引起的延误或双方不可控制因素引起的延误与承包商引起的延误共同发生时，即可索赔延误与不可索赔延误共同发生时，可索赔延误就将变成不可索赔延误，这是工程索赔的惯例之一。

③ 交叉延误。当两个或两个以上的延误事件从发生到终止只有部分时间重合时，称为交叉延误。工程项目是一个较为复杂的系统工程，影响因素众多，常常会出现多种原因引起的延误交叉在一起的情况，这种交叉延误的补偿分析更加复杂。

比较交叉延误和共同延误，不难看出，共同延误是交叉延误的一种特例。

2. 工期延误的计算方法

（1）直接法。如果某干扰事件直接发生在关键线路上，造成总工期的延误，可以直接将该干扰事件的实际干扰时间（延误时间）作为工期索赔值。

（2）比例分析法。如果某干扰事件仅仅影响某单项工程、单位工程或分部分项工程的工期，要分析其对工期的影响，可以采用比例分析法。

1）按工程量的比例进行分析

例如：某工程基础施工中出现了意外情况，导致工程量由原来的 2800m^2 增加到 3500m^2，原定工期是 40 天，则承包商可以提出的工期索赔值为

工期索赔值＝原工期×新增工程量/原工程量＝40×（3500－2800）天/2800＝10 天

本例中，如果合同规定工程量增减 10% 为承包商应承担的风险，则工期索赔值应该为

工期索赔值＝40×（3500－2800×110%）天/2800＝6 天

2）按照造价的比例进行分析。

例如：某工程合同价为 1200 万元，总工期为 24 个月，施工过程中业主增加额外工程 200 万元，则承包商提出的工期索赔值为

工期索赔值＝原合同工期×附加或新增工程造价/原合同总价＝24×200 个月/1200＝4 个月

（3）网络分析法。网络分析法是利用进度计划的网络图，分析其关键线路。如果延误

的工作为关键工作,则延误的时间为索赔的工期;如果延误的工作为非关键工作,当该工作由于延误超过时差而成为关键工作时,可以索赔延误时间与时差的差值;若该工作延误后仍为非关键工作,则不存在工期索赔问题。

分析思路:假设工程按照双方认可的工程网络计划确定的施工顺序和时间施工,当某个或某几个干扰事件发生后,使网络中的某个工作或某些工作受到影响,使其持续时间延长或开始时间推迟,从而影响总工期,则将这些工作受干扰后的新的持续时间和开始时间等代入网络中,重新进行网络分析和计算,得到的新工期与原工期之间的差值就是干扰事件对总工期的影响,也就是承包商可以提出的工期索赔值。

网络分析法通过延误工作事件发生前和发生后网络计划的计算工期之差来计算工期索赔值,可以用于各种干扰事件和多种干扰事件共同作用所引起的工期索赔。

3. 工期索赔计算案例

【应用案例】 某工程项目的进度计划如图5-1所示,总工期为32周,在实施过程中发生了延误,工作②→④由原来的6周延至7周,工作③→⑤由原来的4周延至5周,工作④→⑥由原来的5周延至9周,其中工作②→④的延误是因承包商自身原因造成的,其余均由非承包商原因造成。

【索赔分析】 将延误后的持续时间代入原网络计划,即得到工程实际网络图,如图5-2所示。比较图5-1和图5-2,可以发现实际总工期变为35周,延误了3周,承包商责任造成的延误(1周)不在关键线路上,因此承包商可以向业主要求延长工期3周。

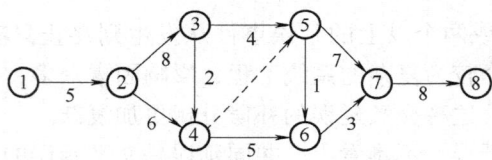

图5-1 某项目分部工程进度计划网络图

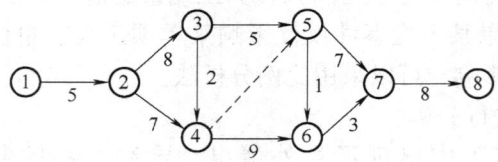

图5-2 某项目分部工程实际进度网络图

【案例背景】

【案例分析】 根据《民法典》第五百零九条第一款:当事人应当按照约定全面履

行自己的义务。按照合同约定的工期，完成合同约定的工作内容是总承包单位的合同义务。当总承包单位履行合同义务不符合合同约定时，发包方可要求承包人采取措施追赶进度。

现阶段因图纸设计缓慢造成工期延期，建议可发函要求承包人采取措施加快设计进度，并在函件中明确，要求承包人采取赶工措施是由于承包人原因导致整体设计进展缓慢，非发包方要求的赶工；依据合同约定，因承包人原因造成工程竣工延期的，可要求承包人支付工期延误部分的逾期竣工违约金。

【知识链接】
《房屋建筑和市政基础设施项目工程总承包管理办法》

【思考与讨论】 监理单位签署的"监理工作联系单"对发承包双方的工期是否产生变更？

【分析与解答】

5.5 建设工程索赔报告的编制及注意事项

5.5.1 建设工程索赔报告的编制

索赔报告的主要组成部分如下：

1. 总论

总论包括以下具体内容：

（1）序言（主要描述项目合同履行情况）。

（2）索赔事项概述。

（3）具体索赔要求：工期延长天数或索赔款额。

（4）报告书编写及审核人员。

2. 合同引证

此部分为索赔报告关键部分之一，是索赔成立的基础。一般包括以下内容：

（1）发出索赔通知书的时间。

（2）概述索赔事项的处理过程。

（3）引证索赔要求的合同条款。

（4）指明所附的证据资料。

3. 索赔费用计算

索赔费用计算的主要部分有由于索赔事项引起的额外开支的人工费、材料费、机械费、管理费、利息、税收、利润等。每一项费用开支应附以相应的证据或单据，并通过详细的论证和计算，使被索赔方对索赔款的合理性有充分的了解，这是索赔能快速解决的基本要求。

4. 索赔工期论证

索赔方应在索赔报告中对工期延长、实际工期、理论工期等进行详细的论证，明确说明需要延长工期天数的依据，论证工期可采用前面所学的直接法、比例分析法、网络分析法。

5. 证据

证据部分包括了该索赔事项所涉及的一切有关证据以及对这些证据的说明。索赔证据资料的范围甚广，可以包括施工过程中所涉及的有关政治、经济、技术、财务、气象、地质等许多方面的资料，对于重大的索赔事项，索赔方还应提供影像等直观记录资料。索赔证据通常以附件的形式附在索赔报告书中。

5.5.2 建设工程索赔报告编制的注意事项

1. 索赔的合同依据要明确

索赔方提出索赔要求要有理有据，或者依据合同条款规定，或者依据非合同的法律法规规定。总之，要提出依据，要证明索赔事件的实际发生与造成的损失之间的因果关系，即证明因对方违约或合同变更与索赔事件的必然性联系，为索赔的成功提供保障。

2. 责任分析要清楚

在报告中需明确提出索赔事件是谁引起的，责任方是谁。在语言上要判断清楚，是谁的责任就是谁的责任，避免出现责任分析不清和自我批评式语言。另外，要写清楚事件发生的不可预见性，以及作为索赔方在事件发生后为防止损失的扩大所做的努力。

3. 索赔计算要准确

索赔的计算要准确，索赔值的计算依据要正确，计算结果要准确。要用文件规定的和公认合理的计算方法，并加以适当的分析。数字计算上不要有差错，一个小的计算错误可能影响到整个计算结果，容易使人对索赔的可信度产生怀疑。

4. 用词要婉转和恰当

由于工程本身的长期性和复杂性，不可预见的事情以及无法避免的失误肯定会大量存在，所以索赔在工程进行的过程中是经常发生的，也是非常正常的事情，但是索赔这个词给多数人的感觉总是不好的。所以在索赔报告中要避免使用强硬的、不友好的"抗议式"的语言，以免伤害了和气，影响双方的感情，不利于问题的解决。

5. 施工索赔其他需注意的事项

（1）索赔时效。索赔事件发生后，承包人必须在合同约定的时间内提出索赔。

（2）承包人必须按照合同约定的程序进行索赔，否则可能会丧失索赔利益的实现。

（3）施工索赔实现的关键是承包人提供的证据确实充分。

（4）施工索赔是单方主张权利要求，经对方签字确认后即成为工程签证，在双方未能协商一致的情况下，诉讼是施工索赔最后的手段。

5.6 建设工程索赔案例

以下是工程索赔报告示范案例。

5.6.1 总论

1. 序言

20××年4月,乙公司参与了由甲公司(下称贵司)投资建设的某市某大学城市科技学院学生食堂及活动中心工程招标投标,且我司获得中标,中标价为671.121万元,该工程设计为全框架四层现浇结构,建筑面积12302.84m^2。在施工合同尚未签署时,贵司通知我司按照招标投标相关内容进场施工,并要求加班加点,必须在20××年8月25日前完成所有施工内容。按照贵司要求和监理工程师指示,我司迅速编制并向贵司递交了施工组织设计和施工进度计划,并专门成立了永川项目部,委派汪某为本项目总指挥,组建了以李某为现场负责人的项目部领导班子,抽调我司技术骨干和优质管理人员参与本项目的施工建设,从领导班子、技术和管理服务水平等方面得到了根本保证。我司于20××年4月20日正式进场施工,按照设计施工内容和贵司要求周密部署,稳步整体推进,精心组织。为了满足施工现场材料的需要,我司不但投入了几百万的现金保障施工资金的需要,还在项目部下设立了材料采购组,保障施工材料的质量和施工需要数量,20××年5月上旬所有材料采购均已经签署合同,部分正在按照合同履行。20××年5月31日前,施工需要的钢材、木材已经全部采购并运抵工地。进场施工前及施工过程中,在技术性民工很难招聘的情况下,承诺不低于×市20××年度平均工资待遇,且保证月月兑现和满足总工程量在12000m^2以上,且承担民工单边路费的许诺下,从奉节县选聘了几十名优质民工,同时在潼南、巴南等地招聘了部分民工,均签署了劳务合同书,至20××年5月31日,工地民工达126人,加上劳务班组负责人,共计130余人,实行三班倒轮休制,加班加点施工。为了改善施工工地管理人员及民工的生活环境和保障良好的休息,顺利完成施工任务,我司投资数万元搭建工棚,购买空调,创造良好的施工环境。20××年5月31日前,我司项目部承担的施工任务正在按照计划进行,施工现场如火如荼。

2. 索赔事项概述

20××年6月1日,当我司施工现场全面正规化、正常化,正在紧锣密鼓、井井有条地按贵司的施工质量和工期要求及我司的施工组织设计、施工进度计划组织施工,且工程已经完成基础部分和第一层的主体结构工程时,贵司单方决定将食堂及活动中心由招标文书确定的四层全框架改建为两层,原三、四层施工内容全部取消,致使我司的所有计划必须重新调整,也导致我司在人、材、物等多方面的损失和众多合同构成违约而承担违约责任,造成多项直接和间接损失。

3. 索赔要求

由于我司向贵司索赔的事由是贵司单方面变更施工内容,故索赔要求包括以下几个方面:

(1)人工费。包括20××年6月1日前,为了完成原工程总量加班、加点而额外支付的人工费用;因总工程量减少,按照劳务合同支付给民工的补偿金及路费。

(2)材料费。包括租赁材料(钢管、模板)、购买材料(线管、电线、塑钢窗、钢材、木材）两方面：由于购买材料超过实际用量而增加的材料购买费用及相应资金利息损失；按原施工组织设计租赁但超过实际需要的周转材料的租赁费损失；缩短使用期限，提前终止周转材料租赁合同的违约金。

（3）施工机械损失（塔式起重机、挖掘机）。具体包括20××年6月1日前，为了按计划完成施工任务而采用塔式起重机垂直运输使用费（含实际使用费和违约金）；20××年6月1日前，为了按计划完成施工任务而采用挖掘机，比人工挖掘增大部分损失；因减少总工程量致使塔式起重机、挖掘机租赁合同提前解除的违约损失。

（4）工地管理费。其是指我司按照计划工作量与实际工作量差异而额外支付的工地管理费，包括增大活动板房、临时房屋、道路、围墙等临时设施投资损失及生活用品损失；20××年5月31日前，为了满足贵司施工期限要求，我司加大施工现场人员配置和各方面管理而增加的支出。

（5）利息。由于工程变更而我司实际多投资资金的利息，包括为满足施工需要，多支付商品混凝土合同预付款利息损失；多垫付工程款资金利息损失。

（6）利润。其是指原计划和现在实际施工部分利润差额。

4. 索赔编写组及审核人员（略）

5.6.2 合同引证

1. 索赔事件发生概述

我司从20××年4月20日正式进场施工至20××年5月31日，除与监理工程师及贵司正常往来的工作联系外，三方没有任何分歧意见，特别是我司在接到贵司的相关指令后，均在合理范围内予以处理，没有任何违约或其他原因出现工程质量问题及延误工期。20××年6月1日，在监理工程师及贵司事前没有透露任何信息的情况下，贵司突然通知大幅度变更施工量，导致我司在施工组织和材料准备、人员安排等方面没有任何时间和机会避免和减少损失，致使我司损失特别大。

2. 递交索赔意向书情况

我司除组织工作组到施工现场处理问题外，也按照施工行业索赔普遍做法，在索赔事件发生后28天内向贵司工程师发出了索赔意向通知，充分表明了我司的索赔要求，并列明了索赔的基本项目。

3. 索赔事件处理情况

在索赔事件发生并书面通知我司现场负责人李某，当日我司董事会获悉变更通知后，立即召开公司高层管理人员会议，会议研究决定：服从贵司的变更指令，但同时提出因此造成的我司的损失应由贵司承担，便委托现场负责人李某与监理工程师和贵司联系，客观反映我司因此而面临的诸多问题和造成的损失。我司现场管理人员、技术人员十分不理解，特别是130余名民工及劳务负责人获悉此消息后，立即全面停工并到永川项目部提出以下要求：立即结算并支付所有工资，停止施工；如果不立即结算并支付，可以暂时继续施工，听从现场安排。但在通知减员时，应按照劳务合同约定，补偿被减民工一个月工资并支付返家或辗转他处的单边路费。我司获悉消息后，为了稳定民工情绪，减少施工现场因民工问题而震荡和停工，顺利完成余下施工任务，立即抽调相关人员组成工作组到现场办公，最后与民工达成协议，同意按照劳务合同约定补偿被减民工一个月工资并支付返家或辗转他处的单边路费；

同时通知正在履行的其他合同立即暂停履行，并积极协商处理善后事宜，尽量减少因工程量变更而造成的损失。我司在处理本事件中，付出了艰辛的劳动，化解了众多矛盾，协调了各方面关系，也支付了许多额外费用，我司认为在避免和减少损失方面，已竭尽全力。在索赔事件发生后，我司与贵司是积极配合的，处理事件快速有效，不存在任何过错和不当行为。

4. 索赔要求的合同依据

由于贵司的学生食堂及活动中心工程招标投标时间紧迫，且在招标投标后还没来得及签署合同，贵司便要求我司进场施工，而至今贵司仍没有与我司签署正式书面施工合同书，故本项目的索赔合同依据仅有：中标通知书；投标书及其附件；开工通知书。

5.6.3 计算部分

索赔总额：依据本事件产生的原因和涉及的范围，我司按照建筑行业施工索赔及项目部实际损失分为9大项，共计索赔总额为2064673.00元。各项计算单列如下（详细计算清单见索赔计算书）：

（1）前期投资损失合计。即（191760.00+5476.67）元 = 197236.67元。

（2）周转材料租金损失。即（101600.00+222620.00）元 = 324220.00元。

（3）项目部采购的材料和签订的材料采购合同的违约损失。即（315438.10+176585.00+25649.04+115567.20）元 = 633239.34元。

（4）工程管理费用、经营费用损失及公司完成减少工程合法的利润损失合计。即（115014.90+76629.32+288022.00）元 = 479666.22元。

（5）塔式起重机设备的租赁损失，各类机械设备的租赁损失合计。即（132390+7010.0）元 = 139400元。

（6）工程临设费用增大的损失。即（6463.79+52734.0）元 = 59197.79元。

（7）工程垫付资金利息损失合计。即20932.04元。

（8）提前解除劳动合同损失合计。按合同约定计算损失。

（9）商品混凝土预付款资金利息损失。即2580.88元。

5.6.4 各项计算依据及证据

1. 前期损失投资：197236.70元

工程原设计计算面积12302.84m^2，设计变更后的建筑面积6405.04m^2，减少建筑面积5897.8m^2，减少工程量比例为47.94%。本工程的所有前期投资为40万元，按照比例损失额为191760.00元。相应资金利息：5476.67元（预计4个月期限即20××年9月30日止，超过此期限，利息损失继续计算）；两项合计为197236.70元。

证据：财务报表。

2. 周转材料租金损失：324220元

（1）钢管租赁损失。按照租赁合同约定，支付租金至少为113天（20××年5月10日至20××年8月31日）。变更后工期为66天，减少实际使用期限为47天，应当多支付钢管租金59690.00元；同时，施工组织设计的变更导致租赁钢管比实际需要钢管多一倍，其多租赁部分钢管损失41910.00元，两项合计为101600.00元。

证据：租赁合同。

(2) 模板租赁损失。按照租赁合同约定支付租金至少为113天（20××年5月10日至20××年8月31日）。变更后实际施工期限为66天，减少47天，多支付租金为120320.00元。同时，施工组织设计的变更，导致租赁模板比实际需要模板多一倍，其租赁部分模板损失102300.00元。两项合计为222620.00元。

证据：租赁合同。

3. 购销合同损失：633239.30元

（1）钢材采购损失。由于我司总部不在永川，且在永川无其他施工项目，而多购销钢材80t已经运抵永川项目部，现在无法处理，损失为263200.00元，同时因我司变更购销数量承担违约责任，损失52238.10元，合计为315438.10元。

（2）木材、竹模板采购损失。我司永川项目部已采购木材，与现在实际使用木材比较，500mm×100mm×2000mm和500mm×100mm×4000mm规格分别多购18.5m^3和30m^3。竹模板1000mm×2000mm规格多采购3200m^2。其损失为109625.00元。同时因我司变更购销数量，承担违约责任损失66960.00元，合计为176585.00元。

证据：购销合同。

（3）线管采购、电线合同违约损失。依据采购合同约定，我司单方变更货物数量，应向对方支付合同总价款30%的违约金，导致违约损失为25649.04元。

证据：购销合同。

（4）塑钢窗购销合同违约损失。按塑钢窗购销合同约定，我司单方变更合同约定数量、价款均应向对方支付合同总价30%的违约金。违约损失为115567.20元。

证据：购销合同。

4. 工程管理费用、经营费用损失及公司完成减少工程合法的利润损失合计：479666.20元

证据：财务报表。

5. 塔式起重机、挖掘机租赁损失（工程管理费用汇总，各项经营费用汇总）：**139400元**

（1）塔式起重机租赁及增加费用损失：132390元。

（2）挖掘机租赁及增加费用损失：7010.00元。

6. 工程临设费用增加的损失：59197.79元

（1）临设活动板房增加损失：6463.79元。

（2）其他临设增加损失（含临时房屋、道路、围墙及生活用品）：52734元。

证据：租赁合同、财务报表。

7. 工程垫付资金利息损失合计：20932.04元

证据：财务报表。

8. 提前解除劳动合同损失合计：按合同约定计算损失

证据：劳务合同、领取补偿费名册表。

9. 商品混凝土预付款资金利息损失：2580.88元

证据：预付款票据。

5.6.5 证据部分

1. 证据

本索赔书的证据如下：

（1）施工组织设计。
（2）施工进度计划。
（3）标准规范及有关技术文件。
（4）施工图。
（5）20××年6月1日变更通知。
（6）工程量清单。
（7）工程报价单。
（8）所有与工程施工相关的合同书。
（9）我司有关的财务报表。
（10）投标书及其附件。
（11）中标通知书。
（12）开工通知书。

2. 对证据的说明

（1）对作为本索赔书证据使用的标准、规范及相关技术文件，按照国家标准、行业标准及投标文书确定的标准执行，本索赔证据中没有提供相应标准文本。

（2）施工图以贵司提供的施工图为准，作为计算工程量标准。

（3）涉及财务问题方面的证据，鉴于财务保密规定，只提供综合报表，不提供列支明细。

（4）由于签署劳务合同的民工多达126人，解除合同的民工为96人，无法提供全部合同文本。仅提供文本之一作为证据，其余文本保存在公司，可以查阅。

5.6.6 结束语

综上所述，我司按照贵司的要求组织工程施工，服从贵司工程变更的要求，但因施工内容和期限的变更而导致的损失属于贵司责任范畴，且我司在计算索赔时充分考虑主观因素，仅计算了我司因此受到的直接和间接损失（利润损失），尚未将信誉损失；为了本工程而放弃其他工程的利润损失；为了减少索赔事件影响，造成其他损失而支出的费用列入索赔范畴。我司认为计算实事求是，本着既不夸大也不添项，更不虚构的索赔态度向贵司提出索赔内容，我司的态度是诚恳的，数据是客观的，要求是合理的，希望贵司在收到本报告书后立即着手研究解决。我司为了明确责任，减少我司在施工中的损失，也为了顺利完成没有完成的施工内容，保护双方共同利益，在原工程索赔意向书的基础上报送本索赔书。望贵司予以审查，并尽快书面答复或组织面谈。

【工程索赔案例分析】

【思考与讨论】

备注说明：本栏目为小组学习任务，教师将根据各小组研讨记录及组长评价，计入平时成绩。

1. 绘制索赔内容的思维导图。
2. 作为一名业主方工程师,应该做好哪些具体工作来预防承包商索赔事件的发生?
3. 发现自方违约,为减少对方索赔,应及时采取哪些补救措施?
4. 就施工企业内部流传的一句话"中标靠低价,盈利靠索赔",谈谈你的看法。

【能力测试】

【案例1】

某大型工程,由于技术难度大,对施工单位的施工设备和同类工程施工经验要求比较高,而且对工期的要求比较紧迫。业主在对有关单位和在建工程考察的基础上,邀请了3家国有一级施工企业投标,通过正规的开标评标后,择优选择了其中一家作为中标单位,并与其签订了工程施工承包合同,承包工作范围包括土建、机电安装和装修工程。该工程共15层,采用框架结构?,开工日期为2020年4月1日,合同工期为18个月。

在施工过程,发生如下几项事件:

事件1:2020年4月,在基础开挖过程中,个别部位实际土质与甲方提供的地质资料不符造成施工费用增加2.5万元,相应工序持续时间增加了4天。

事件2:2020年5月施工单位为保证施工质量,扩大基础地面,开挖量增加导致费用增加3.0万元,相应工序持续时间增加了3天。

事件3:2020年8月,进入雨期施工,恰逢20天大雨造成停工损失2.5万元,工期增加了4天。

事件4:2021年2月,在主体砌筑工程中,因施工图设计有误,实际工程量增加导致费用增加3.8万元,相应工序持续时间增加了2天。

事件5:外墙装修抹灰阶段,一抹灰工在五层贴抹灰用的分格条时,脚手板滑脱发生坠落事故,坠落过程中将首层兜网系结点冲开,撞在一层脚手架小横杆上,抢救无效死亡。

上述事件中,除事件4外,其他工序均未发生在关键线路上,并对总工期无影响。针对四个事件,施工单位及时提出如下索赔要求:

(1)增加合同工期13天。

(2)增加费用11.8万元。

分析施工单位的索赔要求是否合理,为什么。

【案例2】

某工程合同工期6个月,合同签订日期为1月初,从当年2月份开始施工,合同约定工程提前1天奖励10000元,推迟1天罚款20000元。开工后,施工过程中发生如下事件:

(1)4月份赶上雨期施工,由于采取防雨措施,造成施工单位承包人费用增加2万元,中途机械发生故障检修,延误工期1天,费用损失1万元。

(2)5月份由于公网连续停电2天,造成停工,使施工单位损失3万元。

(3)6月份由于业主设计变更,造成施工单位返工费损失5万元,并损失工期2天,且又停工待图15天,窝工损失6万元。

(4)为赶工期,施工单位采取赶工措施,增加赶工措施费5万元,使工程不仅未拖延,反而比合同工期提前10天完成。

假定以上损失工期均在关键线路上,施工单位可索赔工期多少?费用多少?

【案例3】

2019年，上海某公司（以下简称"发包人"）与江西某建筑公司（以下简称"承包人"）签订了《某公司新建厂房施工承包合同》（以下简称：《施工合同》）。《施工合同》约定：承包范围为一号车间、二号车间、综合楼及室外总体；合同价款形式为固定总价合同，固定总价为2500万元，施工合同签订后的三天内支付固定总价的10%作为工程预付款，一号车间与二号车间的基础完成后，支付固定总价的30%作为第一笔工程进度款；一号车间与二号车间的主体结构完成后，支付固定总价的40%作为第二笔工程进度款；工程竣工验收合格后，经共同委托的工程造价咨询单位审价后的十天内支付审定价的95%。建设工期为180天，除恶劣气候外，其他第三方的原因均不得作为顺延工期的理由。开工日期以发包人签发开工令为准。

2009年7月13日，发包人签发了开工令，承包人进场施工，并于2010年4月28日竣工。竣工后经双方共同委托的工程造价咨询单位对竣工结算进行了审价并出具了审价报告。但是，承包人基于将约定自拌混凝土变更为商品混凝土的事实要求工程费用的索赔，并且基于发包人发出的开工令，向发包人索赔因此工期延误而上涨的建材费。由于发包人与承包人就以上工程索赔始终不能达成一致，于是承包人在2011年2月向签订《施工合同》所在地的人民法院提出诉讼，要求发包人除支付工程竣工结算余款外，承担违约赔偿责任。其具体的理由是发包人原因造成工期延误，从而使建筑材料、建筑构配件等价格上涨造成了承包人的损失。发包人认为：两项工程索赔的费用无论从实体上还是从索赔程序上均是没有理由的，并且认为《施工合同》所指向的建筑物是在上海，应由建筑物所在地的人民法院管辖，而不应由《施工合同》签订地的人民法院管辖。

请通过以上基本案情的介绍，根据相关知识就该纠纷的主要争议焦点进行分析。

（1）商品混凝土代替自拌混凝土补偿费用索赔是否成立？

（2）所谓工程延误引起建材涨价的索赔是否成立？如果成立，其计算的组成和方式是否合理？

（3）施工合同签署地的人民法院是否有此案的管辖权？

自 测 题

一、单项选择题

1. 建设工程索赔中，承包商计算索赔费用时最常用的方法是（　　）。
   A. 总费用法　　　　　　　　　　　B. 修正的总费用法
   C. 实际费用法　　　　　　　　　　D. 修正的实际费用法

2. 下列有关工程师对索赔作出决定的说法中，正确的是（　　）。
   A. 在授权范围内，工程师与承包人就费用补偿额达不成一致时，有权单方面作出决定
   B. 工程师在授权范围内所作出的索赔处理决定，对发包人具有强制性的约束力
   C. 工程师的索赔处理决定对承包人是最终的决定
   D. 工程师的索赔处理决定无须通知发包人

3. 索赔事件发生后，（　　）是施工合同当事人首先应做的事。
   A. 向监理人提交索赔意向通知书　　　B. 向监理人提交索赔报告

C. 收集索赔相关证据　　　　　　　　D. 计算索赔额度

4. 不论监理工程师与承包人协商达成一致，还是其单方面作出的处理决定，批准给予补偿的款额和顺延工期的天数若在授权范围之内，则可（　　），并抄送业主。
A. 决定工期延长　　　　　　　　　　B. 提前终止合同
C. 将此结果通知承包人　　　　　　　D. 支付索赔款

5. 在工程索赔的分类中，属于按索赔事件的性质分类的是（　　）。
A. 工期索赔和费用索赔　　　　　　　B. 费用索赔和工程加速索赔
C. 工程加速索赔和工程变更索赔　　　D. 工程变更索赔和工期索赔

6. 业主的索赔主要根据（　　）提出。
A. 施工质量缺陷　　　　　　　　　　B. 设计变更
C. 工程量减少　　　　　　　　　　　D. 施工进度计划修改

7. 当发生索赔事件时，按照索赔的程序，承包人首先应（　　）。
A. 向政府建设主管部门报告
B. 收集索赔证据、计算经济损失和工期损失
C. 以书面形式向工程师提出索赔意向通知
D. 向工程师提出索赔报告

8. 承包人索赔时，（　　）的施工记录是最有力的证据。
A. 与索赔事件同步
B. 经监理人确认
C. 事后补充编写
D. 类似工程

9. 某工程由于业主方提供的施工图有误，造成施工总承包单位人员窝工75工日，增加用工8工日；由于施工分包单位设备安装质量不合格返工处理造成人员窝工60工日，增加用工6工日。合同约定人工费日工资标准为50元，窝工补偿标准为日工资标准的70%，则业主应给予施工总承包单位的人工费索赔金额是（　　）元。
A. 5425　　　　B. 4150　　　　C. 3025　　　　D. 2905

10. 建设工程中的反索赔是相对索赔而言的，反索赔的提出者（　　）。
A. 仅限发包方　　　　　　　　　　　B. 仅限承包方
C. 发包方和承包方均可　　　　　　　D. 仅限监理方

11. 关于建设工程索赔成立的条件，下列说法中正确的是（　　）。
A. 导致索赔的事件必须是对方的过错，索赔才能成立
B. 只要对方有过错，不管是否造成损失，索赔都成立
C. 只要索赔事件的事实存在，在合同有效期内任何时候提出索赔都可以成立
D. 不按照合同规定的程序提交索赔报告，索赔不能成立

12. 某工程项目施工中现场出现了图纸中未标明的地下障碍物，需要作清除处理。按照合同条款的约定，承包人应在索赔事件发生后28天内向工程师递交（　　）。
A. 索赔报告　　　　　　　　　　　　B. 索赔意向通知
C. 索赔依据和资料　　　　　　　　　D. 工期和费用索赔的具体要求

13. 某工程采用实际费用法计算承包商的索赔金额，由于主体结构施工受到干扰的索赔

事件发生后,承包商应得的索赔金额中除可索赔的直接费外,还应包括(　　)。

A. 应得的措施费和间接费

B. 应得的间接费和利润

C. 应得的现场管理费和分包费

D. 应得的总部管理费和分包费

二、多项选择题

1. 在建设工程项目施工索赔中,可索赔的材料费包括(　　)。

A. 非承包商原因导致材料实际用量超过计划用量而增加的费用

B. 因质量原因导致工程返工所增加的材料费

C. 因政策调整导致材料价格上涨的费用

D. 因承包商提前采购材料而发生的超期储存费用

E. 由业主原因造成的材料损耗费

2. 某工程实行施工总承包模式,承包人将基础工程中的打桩工程分包给某专业分包单位施工,施工过程中发现地质情况与勘察报告不符而导致打桩施工工期拖延。在此情况下,(　　)可以提出索赔。

A. 承包人向发包人　　　　　　B. 承包人向勘察单位

C. 分包人向发包人　　　　　　D. 分包人向承包人

E. 发包人向监理

3. 按索赔的目的分类,通常可将索赔分为(　　)。

A. 工期索赔　　　　　　　　　B. 时间索赔

C. 经济索赔　　　　　　　　　D. 利润索赔

E. 费用索赔

4. 在建设工程项目施工过程中,施工机械使用费的索赔款项包括(　　)。

A. 因机械故障停工维修而导致的窝工费

B. 因监理工程师指令错误而导致机械停工的窝工费

C. 非承包商责任导致工效降低而增加的机械使用费

D. 因机械操作工患病停工而导致的机械窝工费

E. 由于完成额外工作增加的机械使用费

5. 在建设工程项目施工索赔中,可索赔的人工费包括(　　)。

A. 完成合同之外的额外工作所花费的人工费用

B. 施工企业因雨期停工后加班增加的人工费用

C. 法定人工费增长费用

D. 非承包商责任造成的工期延长导致的工资上涨费用

E. 不可抗力造成的工期延长导致的工资上涨费用

6. 在承包商提出的费用索赔中,可以列入利润的情况包括(　　)。

A. 工程范围的变更　　　　　　B. 文件有技术性错误

C. 业主未能提供现场　　　　　D. 场外停电导致停工

E. 不可抗力导致窝工

7. 下列对索赔的表述,正确的有(　　)。

A. 索赔要求的提出不需经对方同意
B. 索赔依据应在合同中有明确根据
C. 应在索赔事件发生后的 28 天内递交索赔报告
D. 监理工程师的索赔处理决定超过权限时应报发包人批准
E. 承包人必须执行监理工程师的索赔处理决定

8. 施工合同承包人向发包人提出索赔，可由（　　）组成举证的内容。
A. 影像资料 B. 合同文件
C. 索赔报告 D. 施工记录
E. 索赔定案报告

9. 经工程师确认后工期相应顺延的情况包括（　　）。
A. 发包人未按约定提供图纸 B. 发包人未按约定支付进度款
C. 季节性大雨导致现场停工 D. 设计变更导致工程量增加
E. 一周内停电累计超过 8h

三、填空题

1. 建设工程索赔是指在合同履行过程中，当事人一方对于并非自己的过错而是应由对方承担责任的情况造成的实际损失，向对方提出的_____和（或）_____的要求。

2. 索赔事件发生____天内向工程师发出索赔意向通知。当该索赔事件持续进行时，承包人应当阶段性向工程师发出索赔意向，在索赔事件终了后____天内向工程师提供索赔的有关资料和最终索赔报告。

3. 工期延误的计算方法，包括_____、_____、_____。

4. 索赔费用的计算方法有_____、_____、_____。

5. 索赔费用的主要组成部分，同工程款的计价内容相似，主要包括_____、_____、_____、现场管理费、利息、总部（企业）管理费、利润等。

6. 按索赔目的分类，索赔可以分为_____和_____。

单元六

建设工程纠纷的处理

📊 单元导读

由于建设工程施工项目具有投资大、生产周期长、单件性和风险因素多等特性,尽管各方主体及管理部门都在认真、全面履行合同及全方位实施合同管理,建设工程纠纷在工程实务中也是不可避免的。如何正确处理纠纷,维护合同当事人的合法权益,防止和制裁违法行为,也是合同管理的重要组成部分。

🎯 学习目标

1. 了解建设工程纠纷处理方式
2. 熟悉解决工程纠纷中的和解与调解方式,掌握其应用,了解其法律效力
3. 熟悉解决工程纠纷中的仲裁与诉讼方法,了解其各自特点及法律效力
4. 掌握现行最高人民法院关于审理建设工程施工合同案件适用法律问题的司法解释在工程施工合同管理中的应用

📂 课程思政

以"建设工程纠纷案例"为载体,以"诚信与公平"为基础,以"合作与共赢"为目标,以"专业技术"为支撑,以精神与文化精髓"和为贵"为技巧,以"教师引导、学生体验"为主要方法,将课程思政融于教学全过程。

📝 学习任务

备注说明:本栏目为学生个体学习任务,边学边完成,根据需求自己附页,教师将学生完成情况,计入平时成绩。

1. 什么是纠纷?纠纷有哪些类型?为什么说建设工程纠纷不可避免?
2. 建设工程纠纷有哪些处理方式?比较这些处理方式的优缺点。
3. 如何充分应用和解、调解方式处理合同纠纷?
4. 如何正确应用仲裁、诉讼手段保护自己的合法权益?
5. 正确理解现行最高人民法院关于审理建设工程施工合同案件适用法律问题的司法解释。

6. 正确分析工程案例。

导学案例

某工程，建设单位与甲施工单位签订了施工合同，与丙监理单位签订了监理合同。经建设单位同意，甲施工单位确定乙施工单位作为分包单位，并签订了分包合同。

施工过程中，甲施工单位的资金出现困难，无法按分包合同约定支付乙施工单位的工程进度款，乙施工单位向建设单位提出支付申请，建设单位同意申请，并向乙施工单位支付进度款。

专业监理工程师在巡视中发现，乙施工单位施工的在施部位存在质量隐患，专业监理工程师随即向甲施工单位签发了整改通知。甲施工单位回函称，建设单位已直接向乙施工单位支付了工程款，因而本单位对乙施工单位施工的工程质量不承担责任。

工程完工，甲施工单位向建设单位提交了竣工验收报告后，建设单位于2006年9月20日组织勘察、设计、施工、监理等单位进行竣工验收，工程竣工验收通过，各单位分别签署了工程质量《竣工验收鉴定证书》。建设单位于2007年3月办理了工程竣工备案。因使用需要，建设单位于2006年10月中旬，要求乙施工单位按其示意图在已竣工验收的地下车库承重墙上开车库大门，该工程于2006年11月底正式投入使用。2008年2月，该工程排水管道严重漏水，经丙监理单位实地检查，确认系新开车库门施工时破坏了承重结构所致。建设单位认为工程还在保修期内，要求甲施工单位无偿修理。请思考：

1. 甲施工单位回函的说法是否正确？
2. 造成严重漏水，应该由哪个单位承担责任？
3. 建设行政主管部门应该对哪个单位进行处罚？

6.1 建设工程纠纷的处理方式

纠纷即争议。由于建设活动具有投资大、生产周期长、技术要求高、专业性强、不可预见因素多、受环境影响大、协作关系复杂以及政府监管严格等特点，因此建设工程纠纷不可避免。建设工程纠纷主要分为民事纠纷和行政纠纷两大类。

民事纠纷是指平等主体的当事人之间发生的纠纷。这种纠纷又可分为两大类：合同纠纷和侵权纠纷。合同纠纷是指当事人之间对合同是否成立、生效，对合同的履行情况和不履行的后果等产生的纠纷。对合同订立产生的争议，一般是对合同是否成立及合同的效力产生分歧；对合同履行情况产生的争议，往往是对合同是否履行或者是否已按合同约定履行产生的异议；而对不履行合同的后果产生的争议，则是对没有履行合同或者没有完全履行合同的责任，应由哪方承担责任和如何承担责任而产生的纠纷。如建设工程合同效力纠纷、违约责任纠纷、转包分包纠纷、建设工程质量纠纷、建设工程价款结算纠纷等。侵权纠纷是指由于一方当事人对另一方侵权而产生的纠纷，如工程施工过程中由于施工单位未采取安全措施对他人造成损害而产生的纠纷等。其中，合同纠纷是建设活动中最常见的纠纷之一。

行政纠纷是指行政机关与相对人之间因行政管理而产生的纠纷，如在办理施工许可证时符合办证条件而不予办理所导致的纠纷；在招标过程中行政机关进行行政处罚而产生的纠纷

单元六　建设工程纠纷的处理

等。其中，既有因行政机关滥用职权、越权管理、不作为等而产生的纠纷，也有因被管理人逃避监督管理、非法抗拒管理等而产生的纠纷。

既然建设工程纠纷不可避免，就要学会正确、恰当地处理纠纷，维护自己的合法权益。选择适当的解决方式，及时解决合同争议，不仅关系当事人的合同利益和避免损失的扩大，对维护社会经济秩序也有重要作用。

【思考与讨论】　民事纠纷与行政纠纷的根本区别是什么？导致处理依据和审判有哪些不同？

6.1.1　民事纠纷处理的方式

民事纠纷，特别是发包人和承包人就有关工期、质量、造价等方面的建设工程合同争议，是工程建设领域最常见的纠纷形式之一。建设工程民事纠纷的处理方式主要有四种，分别是和解、调解、仲裁和诉讼。我国《民法典》合同编规定，当事人可以通过和解或者调解解决合同争议。当事人不愿和解、调解或者和解、调解不成的，可以根据仲裁协议向仲裁机构申请仲裁。当事人没有订立仲裁协议或者仲裁协议无效的，可以向人民法院起诉。当事人应当履行发生法律效力的判决、仲裁裁决、法院或仲裁机构出具的调解书。拒不履行的，对方可以请求人民法院强制执行。

【特别提示】　注意总结和解、调解、仲裁和诉讼四种方式各自的优缺点。

6.1.2　和解与调解

诉讼不仅成本高，而且诉讼过程漫长而反复，单纯的诉讼，甚至仲裁都无法满足社会对司法救济制度多样化的需求。通过和解或调解解决纠纷，理性的当事人可以积极寻求双方利益的平衡点，以最大限度地满足自己的需求，并化解矛盾纠纷，有效防止矛盾激化和事态扩大。

1. 和解的概念、适用与特点

（1）和解的概念。和解是指当事人在自愿互谅、平等协商的基础上，就已经发生的争议进行协商并达成协议，自行解决争议的一种方式。

（2）和解的应用。和解的应用非常广泛，发生争议后，当事人可自行和解，即使在申请仲裁或诉讼后仍然可以选择和解。当事人申请仲裁后，自行和解，达成和解协议的，可以撤回仲裁申请，撤回仲裁申请后反悔的，仍可以根据仲裁协议申请仲裁；也可以请求仲裁庭根据和解协议作出调解书或裁决书。和解可以发生在民事诉讼的任何阶段。当事人在诉讼中和解的，可以由原告申请撤诉，经法院裁定后结束诉讼，但此时的和解没有法律强制执行力。当事人和解以后，也可以请求法院根据和解协议作出调解，制作调解书，产生法律强制执行力。在执行中，双方当事人不履行和解协议或者反悔的，仍可以向人民法院起诉，或者申请人民法院按照原生效法律文书强制执行。

（3）和解的特点。虽然和解协议不具有强制执行力，但具有以下优点：

1）有利于维持和发展双方的合作关系，而且经协商达成的协议，当事人一般也能自觉遵守。

2）当事人在不违反法律、行政法规强制性规定的前提下，可以根据实际需要以多种方式进行磋商，以使争议得到灵活的解决。

3）能够节省大量费用和时间，从而使当事人之间的争议得以较为经济和及时解决。

2. 调解的概念、形式与特点

（1）调解的概念。调解是指第三人（即调解人）应纠纷当事人的请求，依法或依合同约定或依社会公德，对双方当事人进行说服教育，居中调停，使其在相互谅解、互相让步的基础上解决其纠纷的一种途径。调解对纠纷的解决在根本上取决于当事人的合意，不仅能确定当事人各自的利益，而且可修复因纠纷而受损的关系，总体比较经济，省时省力。

（2）调解的形式。调解包括法院调解与诉讼外调解。

1）法院调解。法院调解是指在人民法院的主持下，在双方当事人自愿的基础上，以制作调解书的形式，解决纠纷的一种方式。法院调解属于诉讼内调解，法院调解书经双方当事人签收后，即具有法律强制执行力，效力与判决书相同。

2）诉讼外调解。诉讼外调解分为三种形式。①民间调解，即在当事人以外的第三人或组织的主持下，通过相互谅解，使纠纷得到稳妥的解决。②行政调解，或称为行政调处，是指在有关行政机关的主持下，依据相关法律、行政法规、规章及政策，处理纠纷的一种方式。③仲裁调解，仲裁庭在作出裁决前，可以进行调解，当事人自愿调解的，仲裁庭应当调解。仲裁的调解达成协议，应当制作调解书或者裁决书。仲裁与调解相结合是中国仲裁制度的特点。该做法将仲裁和调解各自的优点紧密结合起来，不仅有助于解决当事人之间的争议，还有助于保持当事人的友好合作关系，具有很大的灵活性和便利性。

（3）调解的特点。

1）诉讼外调解特点。

① 当事人的行为无诉讼上的意义。

② 主持者可以是人民调解委员会、行政机关、仲裁机关、双方当事人所信赖的个人等。

③ 除仲裁机构制作的调解书对当事人有法律强制执行力外，其他机构或个人主持下达成调解协议而形成的调解书，均无法律强制执行力，当事人反悔的，可向人民法院起诉。

知识链接 《中华人民共和国民事诉讼法》

2）法院调解的特征。

① 发生在诉讼过程中。

② 在法院主持下进行。

③ 调解书送达双方当事人并经签收后产生法律强制执行力；即若一方不执行，另一方有权请求人民法院强制执行。

6.1.3 民事诉讼

1. 民事诉讼的概念

民事诉讼，是指人民法院在当事人和其他诉讼参与人的参加下，以审理、裁判、执行等方式解决民事纠纷的活动，以及由此产生的各种诉讼关系的总和。诉讼参与人包括原告、被告、第三人、证人、鉴定人、勘验人等。

在我国，《中华人民共和国民事诉讼法》是调整和规范法院和诉讼参与人的各种民事诉讼活动的基本的民事诉讼程序性法律。

2. 民事诉讼的基本特征

（1）公权性。民事诉讼是由人民法院代表国家意志行使司法、审批权，通过司法手段解决平等民事主体之间的纠纷，这使得民事诉讼与具有民间性质的调解和仲裁有所不同。

（2）强制性。民事诉讼的公权性，决定了其在案件的受理和执行等方面具有强制性。调解、仲裁均建立在当事人自愿的基础上，如果一方当事人不愿意进行调解和仲裁，调解和仲裁将不会发生。民事诉讼则不同，只要原告起诉符合法定的条件，无论被告是否愿意，诉讼都会发生。此外，民间的和解、调解协议的履行依靠当事人的自觉，不具有强制执行的效力，但法院的裁判则具有强制执行的效力，当事人不自动履行生效裁判，法院依另一方当事人申请可依法强制执行。

（3）程序性。民事诉讼是依照法定程序进行的诉讼活动，无论是法院，还是当事人和其他诉讼参与人，均须按照民事诉讼法律规定的程序实施诉讼行为。与民事诉讼相比，民间调解通常没有严格的程序规则，仲裁虽然也要按照预先确定的程序进行，但相对灵活，当事人的选择权也较大。

3. 民事诉讼法律基本制度

《中华人民共和国民事诉讼法》第十条规定："人民法院审理民事案件，依照法律规定实行合议、回避、公开审判和两审终审制度。"

（1）合议制度。合议制度是指由三人以上单数的审判人员组成合议庭，对民事案件进行审理的制度。合议庭评议案件，实行少数服从多数的原则。实行合议制度，是为了发挥集体的力量，弥补个人能力的不足，以保证案件的审判质量。

（2）回避制度。回避制度是指为了保证案件的公正审判，而要求与案件有一定利害关系的审判人员或其他有关人员，不得参与本案的审理活动或诉讼活动的审判制度。

（3）公开审判制度。公开审判制度是指人民法院审理民事案件，除法律规定的情况外，审判过程及结果应当向社会公开，允许群众旁听庭审和宣判过程，允许新闻媒体对庭审过程进行采访、报道，并将案件向社会披露。

（4）两审终审制度。两审终审制度是指一个民事诉讼案件最多经过两级法院审判后即告终结的制度。根据两审终审制度，对于一般民事诉讼案件，当事人不服一审法院的判决或裁定，可上诉至二审法院，二审法院所做的判决、裁定为生效判决、裁定，当事人不得再上诉。最高人民法院所做的一审判决、裁定，为终审判决、裁定，当事人不得上诉。

4. 诉讼的管辖

诉讼的管辖是指各级人民法院之间和同级人民法院之间受理第一审民事案件的分工和权限。《中华人民共和国民事诉讼法》将管辖分为级别管辖、地域管辖、专属管辖和指定管辖等。

（1）级别管辖。级别管辖是指按照一定的标准，划分上下级法院之间受理第一审民事案件的分工和权限。我国法院有四级，分别是基层人民法院、中级人民法院、高级人民法院和最高人民法院，每一级均受理一审民事案件。

（2）地域管辖。地域管辖是指按照各法院的辖区和民事案件的隶属关系，划分同级法院受理第一审民事案件的分工和权限。地域管辖实际上是以法院与当事人、诉讼标的以及法律事实之间的隶属关系和关联关系来确定的。

（3）专属管辖。专属管辖是指法律规定某些类型的案件只能由特定的法院管辖，其他法院无管辖权，当事人也不得以协议改变法律确定的管辖。

专属管辖是地域管辖的一种，具有强制性和排他性。我国民事诉讼的专属管辖有因不动产提起的诉讼，由不动产所在地人民法院管辖；港口作业中发生的诉讼，由港口所在地人民法院管辖；因登记发生的诉讼，由登记机关所在地人民法院管辖；继承遗产的诉讼，由被继承人生前户籍所在地或主要遗产所在地人民法院管辖；破产诉讼，由破产企业主要办事机构所在地人民法院管辖。我国行政诉讼的专属管辖：因不动产提起的行政诉讼案件，由不动产所在地人民法院管辖。

（4）指定管辖。指定管辖是指有管辖权的人民法院由于特殊原因，不能行使管辖权的，由上级人民法院指定管辖。人民法院之间因管辖权发生争议，由争议双方协商解决；协商解决不了的，报请其共同上级人民法院指定管辖。

5. 诉讼的审判程序

审判程序是人民法院审理案件适用的程序，可以分为一审程序、二审程序和审判监督程序。

（1）一审程序。一审程序包括普通程序和简易程序。普通程序是《中华人民共和国民事诉讼法》规定的民事诉讼当事人进行第一审民事诉讼和人民法院审理第一审民事案件所通常适用的诉讼程序。

1）起诉与受理。起诉是指原告因民事权益受到侵害或与他人发生争议，而向法院提出诉讼，请求法院行使审判权予以确认或保护的行为。起诉必须符合下列条件：原告是与本案有直接利害关系的公民、法人和其他组织；有明确的被告；有具体的诉讼请求、事实和理由；属于人民法院受理民事诉讼的范围和受诉人民法院管辖。

受理是指人民法院通过对当事人的起诉进行审查，对符合法律规定条件的，决定立案审理的行为。法院收到起诉状，经审查，认为符合起诉条件的，应当在7日内立案并通知当事人。认为不符合起诉条件的，应当在7日内裁定不予受理。原告对裁定不服的，可以提起上诉。

2）开庭审理。开庭审理是指在法院审判人员主持下，在当事人和其他诉讼参与人的参加下，依法对案件进行实体审理并作出裁判的诉讼活动。

法庭审理通常包括以下阶段：准备开庭、法庭调查、法庭辩论、法庭笔录、宣判。

【思考与讨论】 在法庭审理中，谁来提供证据？哪些东西可以作为证据？

（2）二审程序。二审程序（又称为上诉程序或终审程序）是指由于民事诉讼当事人不服地方各级人民法院尚未生效的第一审判决或裁定，在法定上诉期间内，向上一级人民法院提起上诉而引起的诉讼程序。由于我国实行两审终审制，上诉案件经二审法院审理后作出的判决、裁定为终审的判决、裁定，诉讼程序即告终结。

1）上诉期间。当事人不服地方人民法院第一审判决的，有权在判决书送达之日起15日内向上一级人民法院提起上诉；不服地方人民法院第一审裁定的，有权在裁定书送达之日起10日内向上一级人民法院提起上诉。

2）上诉状。当事人提起上诉，应当递交上诉状。上诉状应当通过原审法院提出，并按照对方当事人的人数提出副本。

3）二审法院对上诉案件的处理。二审法院对上诉案件经过审理，分情形作出驳回上诉、维持原判、依法改判、发回重审的裁判。

二审法院的判决、裁定是终审的判决、裁定，具有强制执行力，一经作出即生效。如果有履行义务的当事人拒不履行，对方当事人有权向法院申请强制执行。对于发回原审法院重审的案件，原审法院仍将按照一审程序进行审理。因此，当事人对重审案件的判决、裁定，仍然可以上诉。

（3）审判监督程序。审判监督程序即再审程序，是指由有审判监督权的法定机关和人员提起，或由当事人申请，由人民法院对发生法律效力的判决、裁定、调解书再次审理的程序。根据提起该程序的主体的不同，可分为基于人民法院行使审判监督权提起的再审程序，基于当事人申请的再审程序，基于人民检察院的抗诉进行的再审程序。

6. 诉讼的执行

诉讼的执行是指人民法院的执行机构依照法定的程序，对发生法律效力并具有给付内容的法律文书，以国家强制力为后盾，依法采取强制措施，迫使具有给付义务的当事人履行其给付义务的行为。具体执行措施主要有以下几个：

（1）查封、冻结、划拨被执行人的存款。

（2）扣留、提取被执行人的收入。

（3）查封、扣押、拍卖、变卖被执行人的财产。

（4）对被执行人及其住所或财产隐匿地进行搜查。

（5）强制被执行人和有关单位、公民交付法律文书指定的财物或票证。

（6）强制被执行人迁出房屋或退出土地。

（7）强制被执行人履行法律文书指定的行为。

（8）办理财产权证照转移手续。

（9）强制被执行人支付迟延履行期间的加倍债务利息或迟延履行金。

（10）依申请执行人申请，通知对被执行人负有到期债务的第三人向申请执行人履行债务。

6.1.4 仲裁

知识链接 《中华人民共和国仲裁法》

1. 仲裁的概念和使用范围

仲裁作为一个法律概念有其特定的含义，即其是指发生争议的当事人（申请人与被申请人），根据其达成的仲裁协议，自愿将该争议提交中立的第三者（仲裁机构）进行裁判的争议解决制度。

在我国，《中华人民共和国仲裁法》是调整和规范仲裁制度的基本法律，但《中华人民共和国仲裁法》的调整范围仅限于民商事仲裁，即"平等主体的公民、法人和其他组织之间发生的合同纠纷和其他财产纠纷"仲裁，劳动争议仲裁和农业承包合同纠纷仲裁不受《中华人民共和国仲裁法》的调整。此外，根据《中华人民共和国仲裁法》第三条规定，下列纠纷不能仲裁：

（1）婚姻、收养、监护、抚养、继承纠纷。

（2）依法应当由行政机关处理的行政争议。

【思考与讨论】 上述不属于《中华人民共和国仲裁法》调整范围的事项如何处理？适用法律是什么？

2. 仲裁的基本特点

（1）自愿性。当事人的自愿性是仲裁最突出的特点之一。仲裁以当事人的意思自治为前提，即是否将纠纷提交仲裁，向哪个仲裁委员会申请仲裁，仲裁庭如何组成，仲裁员的选择，以及仲裁的审理方式等都是在当事人自愿的基础上，由当事人协商确定的。仲裁的自愿性也决定了仲裁与诉讼相比，前者更加灵活和方便。

（2）专业性。专家裁案，是民商事仲裁的重要特点之一。民商事仲裁往往涉及不同行业的专业知识，例如，建设工程的纠纷处理不仅涉及有关工程建设的法律法规，还常常需要专家运用大量的工程造价、工程质量方面的专业知识和熟悉建筑业自身特有的交易习惯和行业惯例与规则。因此，仲裁由具有一定专业水平的专家担任仲裁员，是确保仲裁结果准确、公正的重要保障。

（3）独立性。根据《中华人民共和国仲裁法》第十四条的规定："仲裁委员会独立于行政机关，与行政机关没有隶属关系。仲裁委员会之间也没有隶属关系。"在仲裁过程中，仲裁庭独立进行仲裁，不受任何行政机关、社会团体和个人的干涉，具有独立性。

（4）保密性。仲裁以不公开审理为原则。同时，按照各种仲裁规则的规定，当事人及其代理人、证人、翻译、仲裁员、仲裁庭咨询的专家和制定的鉴定人、仲裁委员会有关工作人员也要遵守保密义务，不得对外界透露案件实体和程序的有关情况。因此，当事人之间的纠纷及有关的商业秘密，不会因仲裁活动而泄露。

（5）快捷性。仲裁实行一裁终局制度，仲裁裁决一经作出即发生法律强制执行力，这使得当事人之间的纠纷能够迅速得到解决。

3. 仲裁法律基本制度

（1）协议仲裁制度。仲裁协议是当事人仲裁自愿的体现，当事人申请仲裁、仲裁委员会受理仲裁、仲裁庭对仲裁案件的受理和裁决，都必须以当事人依法订立的仲裁协议为前提。可以说，没有有效的仲裁协议，就不会有仲裁。《中华人民共和国仲裁法》第四条规定："没有仲裁协议，一方申请仲裁的，仲裁委员会不予受理。"

（2）或裁或审制度。仲裁和诉讼是两种不同的争议解决方式，当事人只能选择采用其中一种。《中华人民共和国仲裁法》第五条明确规定"当事人达成仲裁协议，一方向人民法院起诉的，人民法院不予受理，但仲裁协议无效的除外。"因此，有效的仲裁协议即排除法院对案件的司法管辖权，只有在没有仲裁协议或者仲裁协议无效的情况下，法院才可以对当事人之间的诉讼予以受理。

（3）一裁终局制度。《中华人民共和国仲裁法》第九条第一款规定："仲裁实行一裁终局制度。裁决作出后，当事人就同一纠纷再申请仲裁或者向人民法院提起诉的，仲裁委员会或者人民法院不予受理。"当事人应当履行仲裁裁决，一方当事人不履行的，另一方当事人可以依照《民事诉讼法》的有关规定向人民法院申请强制执行。

4. 仲裁协议

仲裁协议是指当事人自愿将已经发生或者可能发生的争议通过仲裁解决的书面协议。仲裁协议有仲裁条款、仲裁协议书及其他文件中包含的仲裁协议三种形式。仲裁协议应当具有下列内容：

（1）请求仲裁的意思表示。

（2）仲裁事项。

(3) 选定的仲裁委员会。

以上三项内容必须同时具备，仲裁协议才能有效。

仲裁协议的效力如下：

(1) 对当事人的法律效力。它是指约束双方当事人对纠纷解决方式的选择权。

(2) 对法院的法律效力。它是指排除法院的司法管辖权。

(3) 对仲裁机构的法律效力。它是指授予仲裁机构仲裁管辖权并限定仲裁的范围。

《中华人民共和国仲裁法》规定，有下列情况之一的，仲裁协议无效：

(1) 约定的仲裁事项超出法律规定的仲裁范围。

(2) 无民事行为能力或限制民事行为能力人订立的仲裁协议。

(3) 一方采取胁迫手段迫使对方订立的仲裁协议。

5. 仲裁的程序

(1) 申请与受理。当事人符合下列条件，可以向仲裁委员会递交仲裁申请书：

1) 有仲裁协议。

2) 有具体的仲裁请求和事实、理由。

3) 属于仲裁委员会的受理范围。

仲裁委员会收到仲裁申请书之日起 5 日内，经审查符合受理条件的，应当受理，并通知当事人；不符合受理条件的，应当书面通知当事人不予受理，并说明理由。仲裁委员会受理仲裁申请后，应当在规定的期限内将仲裁规则和仲裁员名册送达申请人，并将仲裁申请书副本和仲裁规则、仲裁员名册送达被申请人。

(2) 组成仲裁庭。仲裁庭分合议仲裁庭和独任仲裁庭两种。合议仲裁庭一般由 3 名仲裁员组成，设首席仲裁员；独任仲裁庭由 1 名仲裁员组成，即由 1 名仲裁员对争议案件进行审理并作出裁决。

(3) 开庭和审理。仲裁审理的方式分为开庭审理和书面审理两种。仲裁应当开庭审理作出裁决，这是仲裁审理的主要方式。为了保护当事人的商业秘密和商业信誉，仲裁不公开进行，当事人协议公开的，可以公开进行，但涉及国家秘密的除外。

仲裁庭通常按下列程序进行开庭调查：

1) 当事人陈述。

2) 告知证人的权利与义务，证人作证，宣读未到庭的证人证言。

3) 出示书证、物证和视听资料。

4) 宣读勘验笔录、现场笔录。

5) 宣读鉴定结论。

(4) 仲裁中的和解与调解。当事人申请仲裁后，可以自行和解。达成和解协议的，可以请求仲裁庭根据和解协议作出裁决书，也可以撤回仲裁申请。当事人达成和解协议，撤回仲裁申请后反悔的，仍可以根据仲裁协议申请仲裁。

仲裁庭在作出裁决前，可以先行调解。当事人自愿调解的，仲裁庭应当调解。调解不成的，应当及时作出裁决。调解达成协议的，仲裁庭应当制作调解书或者根据协议的结果制作裁决书，调解书与裁决书具有同等法律效力。调解书经双方当事人签收后，即发生法律效力，在调解书签收前当事人反悔的，仲裁庭应当及时作出裁决。

6. 仲裁裁决的执行

仲裁裁决是由仲裁庭作出的具有强制执行效力的法律文书。独任仲裁庭审理的案件由独任仲裁员作出仲裁裁决，合议仲裁庭审理的案件由3名仲裁员集体作出仲裁裁决。裁决应当按照多数仲裁员的意见作出，少数仲裁员的不同意见可以记入笔录。仲裁庭无法形成多数意见时，按照首席仲裁员的意见作出。

裁决书自作出之日起发生法律效力，裁决书的效力如下：

（1）裁决书一裁终局，当事人不得就已经裁决的事项再申请仲裁，也不得就此提起诉讼。

（2）仲裁裁决具有强制执行力，一方当事人不履行的，对方当事人可以到法院申请强制执行。

（3）仲裁裁决在所有《承认和执行外国仲裁裁决公约》缔约国（或地区）可以得到承认和执行。

【应用案例】 2010年8月2日，某建筑公司与某采砂场签订了一个购买砂子的合同，合同中约定砂子的细度模数为2.4。但是在交货的时候，经试验确认所运来的砂子的细度模数为2.2。于是建筑公司要求采砂场承担违约责任。2010年8月3日，经过协商，达成了一致意见，建筑公司同意接收这批砂子，但是只需要支付98%的价款就可以了。

2010年8月20日，建筑公司反悔，要求按照原合同履行并要求采砂场承担违约责任。你认为建筑公司的要求是否应予支持？

【案例评析】 不予支持。双方和解后达成的协议不具有强制执行力，指的是不能成为人民法院强制执行的直接根据。但是，并不意味着达成的和解协议是没有法律效力的。该和解协议是对原合同的补充，不仅是有效的，而且其效力要高于原合同。因此，建筑公司提出的按照原合同履行的要求不应予以支持。

6.2 《最高人民法院关于审理建设工程施工合同纠纷案件适用法律问题的解释（一）》

现引用《最高人民法院关于审理建设工程施工合同纠纷案件适用法律问题的解释（一）》原文，具体如下：

为正确审理建设工程施工合同纠纷案件，依法保护当事人合法权益，维护建筑市场秩序，促进建筑市场健康发展，根据《民法典》《建筑法》《招标投标法》《中华人民共和国民事诉讼法》等相关法律规定，结合审判实践，制定本解释。

第一条 建设工程施工合同具有下列情形之一的，应当依据《民法典》第一百五十三条第一款的规定，认定无效：

（一）承包人未取得建筑业企业资质或者超越资质等级的。

（二）没有资质的实际施工人借用有资质的建筑施工企业名义的。

（三）建设工程必须进行招标而未招标或者中标无效的。

承包人因转包、违法分包建设工程与他人签订的建设工程施工合同，应当依据《民法典》第一百五十三条第一款及第七百九十一条第二款、第三款的规定，认定无效。

第二条 招标人和中标人另行签订的建设工程施工合同约定的工程范围、建设工期、工程质量、工程价款等实质性内容，与中标合同不一致，一方当事人请求按照中标合同确定权利义务的，人民法院应予支持。

招标人和中标人在中标合同之外就明显高于市场价格购买承建房产、无偿建设住房配套设施、让利、向建设单位捐赠财物等另行签订合同，变相降低工程价款，一方当事人以该合同背离中标合同实质性内容为由请求确认无效的，人民法院应予支持。

第三条 当事人以发包人未取得建设工程规划许可证等规划审批手续为由，请求确认建设工程施工合同无效的，人民法院应予支持，但发包人在起诉前取得建设工程规划许可证等规划审批手续的除外。

发包人能够办理审批手续而未办理，并以未办理审批手续为由请求确认建设工程施工合同无效的，人民法院不予支持。

第四条 承包人超越资质等级许可的业务范围签订建设工程施工合同，在建设工程竣工前取得相应资质等级，当事人请求按照无效合同处理的，人民法院不予支持。

第五条 具有劳务作业法定资质的承包人与总承包人、分包人签订的劳务分包合同，当事人请求确认无效的，人民法院依法不予支持。

第六条 建设工程施工合同无效，一方当事人请求对方赔偿损失的，应当就对方过错、损失大小、过错与损失之间的因果关系承担举证责任。

损失大小无法确定，一方当事人请求参照合同约定的质量标准、建设工期、工程价款支付时间等内容确定损失大小的，人民法院可以结合双方过错程度、过错与损失之间的因果关系等因素作出裁判。

第七条 缺乏资质的单位或者个人借用有资质的建筑施工企业名义签订建设工程施工合同，发包人请求出借方与借用方对建设工程质量不合格等因出借资质造成的损失承担连带赔偿责任的，人民法院应予支持。

第八条 当事人对建设工程开工日期有争议的，人民法院应当分别按照以下情形予以认定：

（一）开工日期为发包人或者监理人发出的开工通知载明的开工日期；开工通知发出后，尚不具备开工条件的，以开工条件具备的时间为开工日期；因承包人原因导致开工时间推迟的，以开工通知载明的时间为开工日期。

（二）承包人经发包人同意已经实际进场施工的，以实际进场施工时间为开工日期。

（三）发包人或者监理人未发出开工通知，也无相关证据证明实际开工日期的，应当综合考虑开工报告、合同、施工许可证、竣工验收报告或者竣工验收备案表等载明的时间，并结合是否具备开工条件的事实，认定开工日期。

第九条 当事人对建设工程实际竣工日期有争议的，人民法院应当分别按照以下情形予以认定：

（一）建设工程经竣工验收合格的，以竣工验收合格之日为竣工日期。

（二）承包人已经提交竣工验收报告，发包人拖延验收的，以承包人提交验收报告之日为竣工日期。

（三）建设工程未经竣工验收，发包人擅自使用的，以转移占有建设工程之日为竣工日期。

第十条 当事人约定顺延工期应当经发包人或者监理人签证等方式确认，承包人虽未取得工期顺延的确认，但能够证明在合同约定的期限内向发包人或者监理人申请过工期顺延且顺延事由符合合同约定，承包人以此为由主张工期顺延的，人民法院应予支持。

当事人约定承包人未在约定期限内提出工期顺延申请视为工期不顺延的，按照约定处理，但发包人在约定期限后同意工期顺延或者承包人提出合理抗辩的除外。

第十一条　建设工程竣工前，当事人对工程质量发生争议，工程质量经鉴定合格的，鉴定期间为顺延工期期间。

第十二条　因承包人的原因造成建设工程质量不符合约定，承包人拒绝修理、返工或者改建，发包人请求减少支付工程价款的，人民法院应予支持。

第十三条　发包人具有下列情形之一，造成建设工程质量缺陷，应当承担过错责任：

（一）提供的设计有缺陷。

（二）提供或者指定购买的建筑材料、建筑构配件、设备不符合强制性标准。

（三）直接指定分包人分包专业工程。

承包人有过错的，也应当承担相应的过错责任。

第十四条　建设工程未经竣工验收，发包人擅自使用后，又以使用部分质量不符合约定为由主张权利的，人民法院不予支持；但是承包人应当在建设工程的合理使用寿命内对地基基础工程和主体结构质量承担民事责任。

第十五条　因建设工程质量发生争议的，发包人可以以总承包人、分包人和实际施工人为共同被告提起诉讼。

第十六条　发包人在承包人提起的建设工程施工合同纠纷案件中，以建设工程质量不符合合同约定或者法律规定为由，就承包人支付违约金或者赔偿修理、返工、改建的合理费用等损失提出反诉的，人民法院可以合并审理。

第十七条　有下列情形之一，承包人请求发包人返还工程质量保证金的，人民法院应予支持：

（一）当事人约定的工程质量保证金返还期限届满。

（二）当事人未约定工程质量保证金返还期限的，自建设工程通过竣工验收之日起满两年。

（三）因发包人原因建设工程未按约定期限进行竣工验收的，自承包人提交工程竣工验收报告九十日后当事人约定的工程质量保证金返还期限届满；当事人未约定工程质量保证金返还期限的，自承包人提交工程竣工验收报告九十日后起满两年。

发包人返还工程质量保证金后，不影响承包人根据合同约定或者法律规定履行工程保修义务。

第十八条　因保修人未及时履行保修义务，导致建筑物毁损或者造成人身损害、财产损失的，保修人应当承担赔偿责任。

保修人与建筑物所有人或者发包人对建筑物毁损均有过错的，各自承担相应的责任。

第十九条　当事人对建设工程的计价标准或者计价方法有约定的，按照约定结算工程价款。

因设计变更导致建设工程的工程量或者质量标准发生变化，当事人对该部分工程价款不能协商一致的，可以参照签订建设工程施工合同时当地建设行政主管部门发布的计价方法或者计价标准结算工程价款。

建设工程施工合同有效，但建设工程经竣工验收不合格的，依照《民法典》第五百七十七条规定处理。

第二十条 当事人对工程量有争议的，按照施工过程中形成的签证等书面文件确认。承包人能够证明发包人同意其施工，但未能提供签证文件证明工程量发生的，可以按照当事人提供的其他证据确认实际发生的工程量。

第二十一条 当事人约定，发包人收到竣工结算文件后，在约定期限内不予答复，视为认可竣工结算文件的，按照约定处理。承包人请求按照竣工结算文件结算工程价款的，人民法院应予支持。

第二十二条 当事人签订的建设工程施工合同与招标文件、投标文件、中标通知书载明的工程范围、建设工期、工程质量、工程价款不一致，一方当事人请求将招标文件、投标文件、中标通知书作为结算工程价款的依据的，人民法院应予支持。

第二十三条 发包人将依法不属于必须招标的建设工程进行招标后，与承包人另行订立的建设工程施工合同背离中标合同的实质性内容，当事人请求以中标合同作为结算建设工程价款依据的，人民法院应予支持，但发包人与承包人因客观情况发生了在招标投标时难以预见的变化而另行订立建设工程施工合同的除外。

第二十四条 当事人就同一建设工程订立的数份建设工程施工合同均无效，但建设工程质量合格，一方当事人请求参照实际履行的合同关于工程价款的约定折价补偿承包人的，人民法院应予支持。

实际履行的合同难以确定，当事人请求参照最后签订的合同关于工程价款的约定折价补偿承包人的，人民法院应予支持。

第二十五条 当事人对垫资和垫资利息有约定，承包人请求按照约定返还垫资及其利息的，人民法院应予支持，但是约定的利息计算标准高于垫资时的同类贷款利率或者同期贷款市场报价利率的部分除外。

当事人对垫资没有约定的，按照工程欠款处理。

当事人对垫资利息没有约定，承包人请求支付利息的，人民法院不予支持。

第二十六条 当事人对欠付工程价款利息计付标准有约定的，按照约定处理。没有约定的，按照同期同类贷款利率或者同期贷款市场报价利率计息。

第二十七条 利息从应付工程价款之日开始计付。当事人对付款时间没有约定或者约定不明的，下列时间视为应付款时间：

（一）建设工程已实际交付的，为交付之日。

（二）建设工程没有交付的，为提交竣工结算文件之日。

（三）建设工程未交付，工程价款也未结算的，为当事人起诉之日。

第二十八条 当事人约定按照固定价结算工程价款，一方当事人请求对建设工程造价进行鉴定的，人民法院不予支持。

第二十九条 当事人在诉讼前已经对建设工程价款结算达成协议，诉讼中一方当事人申请对工程造价进行鉴定的，人民法院不予准许。

第三十条 当事人在诉讼前共同委托有关机构、人员对建设工程造价出具咨询意见，诉讼中一方当事人不认可该咨询意见申请鉴定的，人民法院应予准许，但双方当事人明确表示受该咨询意见约束的除外。

第三十一条 当事人对部分案件事实有争议的,仅对有争议的事实进行鉴定,但争议事实范围不能确定,或者双方当事人请求对全部事实鉴定的除外。

第三十二条 当事人对工程造价、质量、修复费用等专门性问题有争议,人民法院认为需要鉴定的,应当向负有举证责任的当事人释明。当事人经释明未申请鉴定,虽申请鉴定但未支付鉴定费用或者拒不提供相关材料的,应当承担举证不能的法律后果。

一审诉讼中负有举证责任的当事人未申请鉴定,虽申请鉴定但未支付鉴定费用或者拒不提供相关材料,二审诉讼中申请鉴定,人民法院认为确有必要的,应当依照《中华人民共和国民事诉讼法》第一百七十条第一款第三项的规定处理。

第三十三条 人民法院准许当事人的鉴定申请后,应当根据当事人申请及查明案件事实的需要,确定委托鉴定的事项、范围、鉴定期限等,并组织当事人对争议的鉴定材料进行质证。

第三十四条 人民法院应当组织当事人对鉴定意见进行质证。鉴定人将当事人有争议且未经质证的材料作为鉴定依据的,人民法院应当组织当事人就该部分材料进行质证。经质证认为不能作为鉴定依据的,根据该材料作出的鉴定意见不得作为认定案件事实的依据。

第三十五条 与发包人订立建设工程施工合同的承包人,依据《民法典》第八百零七条的规定请求其承建工程的价款就工程折价或者拍卖的价款优先受偿的,人民法院应予支持。

第三十六条 承包人根据《民法典》第八百零七条规定享有的建设工程价款优先受偿权优于抵押权和其他债权。

知识链接 承包人工程价款的优先受偿权

第三十七条 装饰装修工程具备折价或者拍卖条件,装饰装修工程的承包人请求工程价款就该装饰装修工程折价或者拍卖的价款优先受偿的,人民法院应予支持。

第三十八条 建设工程质量合格,承包人请求其承建工程的价款就工程折价或者拍卖的价款优先受偿的,人民法院应予支持。

第三十九条 未竣工的建设工程质量合格,承包人请求其承建工程的价款就其承建工程部分折价或者拍卖的价款优先受偿的,人民法院应予支持。

第四十条 承包人建设工程价款优先受偿的范围依照国务院有关行政主管部门关于建设工程价款范围的规定确定。

承包人就逾期支付建设工程价款的利息、违约金、损害赔偿金等主张优先受偿的,人民法院不予支持。

第四十一条 承包人应当在合理期限内行使建设工程价款优先受偿权,但最长不得超过十八个月,自发包人应当给付建设工程价款之日起算。

第四十二条 发包人与承包人约定放弃或者限制建设工程价款优先受偿权,损害建筑工人利益,发包人根据该约定主张承包人不享有建设工程价款优先受偿权的,人民法院不予支持。

第四十三条 实际施工人以转包人、违法分包人为被告起诉的,人民法院应当依法受理。

实际施工人以发包人为被告主张权利的,人民法院应当追加转包人或者违法分包人为本案第三人,在查明发包人欠付转包人或者违法分包人建设工程价款的数额后,判决发包人在欠付建设工程价款范围内对实际施工人承担责任。

第四十四条 实际施工人依据《民法典》第五百三十五条规定，以转包人或者违法分包人怠于向发包人行使到期债权或者与该债权有关的从权利，影响其到期债权实现，提起代位权诉讼的，人民法院应予支持。

第四十五条 本解释自 2021 年 1 月 1 日起施行。

【思考与讨论】

备注说明：本栏目为小组学习任务，教师将根据各小组研讨记录及组长评价，计入平时成绩。

1. 如何正确理解法律效力、法律约束力、强制执行力等概念？
2. 如何充分应用和解、调解方式处理纠纷？
3. 讨论分析"诚信""公平""效率""效益"等理念应用在纠纷处理中的现实意义。
4. 工程案例分析。

自　测　题

一、单项选择题

1. 平等主体的当事人之间发生的纠纷，称为（　　）。
   A. 民事纠纷　　　　　　　　　　B. 行政纠纷
   C. 合同纠纷　　　　　　　　　　D. 侵权纠纷
2. （　　）方式经济、灵活、简便易行、不伤感情，有利于加强合同当事人之间的协作，使合同能更好地得到履行。
   A. 和解　　　　B. 调解　　　　C. 仲裁　　　　D. 诉讼
3. 以下处理民事纠纷的方式，（　　）最能体现中华民族的价值观。
   A. 和解　　　　B. 调解　　　　C. 仲裁　　　　D. 诉讼
4. 公权性、强制性与程序性，是（　　）方式的显著特点。
   A. 和解　　　　B. 调解　　　　C. 仲裁　　　　D. 诉讼
5. 在民事诉讼的级别管辖、地域管辖、专属管辖和指定管辖规定中，以下说法错误的是（　　）。
   A. 地域管辖与级别管辖发生矛盾时，首选执行级别管辖
   B. 级别管辖与专属管辖发生矛盾时，首选执行专属管辖
   C. 地域管辖是必须遵守的首要规定
   D. 因施工合同提起的诉讼，由施工项目所在地人民法院管辖
6. 施工合同发生争议时，可由（　　）提出暂定方案先执行，事后纳入争议处理程序。
   A. 发包人项目负责人　　　　　　B. 设计人项目负责人
   C. 承包人项目经理　　　　　　　D. 监理人总监理工程师
7. 施工合同发承包人发生合同争议，应向（　　）法院提出诉讼。
   A. 发包人注册所在地　　　　　　B. 承包人注册所在地
   C. 工程所在地辖区　　　　　　　D. 前列任意一个
8. 和解与调解的不同点是（　　）。

A. 方法灵活、程序简便 B. 有第三方介入
C. 不伤害感情 D. 无法律效力
9. 下列纠纷中，受《中华人民共和国仲裁法》调整的是（　　）。
A. 离婚中的财产分割纠纷 B. 财产继承纠纷
C. 劳动争议 D. 脚手架租赁合同纠纷

二、多项选择题
1. 合同争议的解决方式有（　　）。
A. 签订补充协议 B. 和解
C. 调解 D. 仲裁
E. 诉讼
2. 调解的方式有（　　）。
A. 民间调解 B. 行政调解
C. 仲裁机构调解 D. 法院调解
E. 自行调解
3. 仲裁的基本特点包括（　　）。
A. 仲裁调整范围仅限于民商事仲裁 B. 自愿性
C. 仲裁裁决具有法律强制执行力 D. 公权性
E. 保密性
4. 民事诉讼法律基本制度包括（　　）。
A. 合议制度 B. 或裁或审制度
C. 公开审判制度 D. 两审终审制度
E. 协议诉讼制度
5. 和解与调解的共同点，包括（　　）。
A. 有第三方介入 B. 不伤害感情
C. 发生在仲裁和诉讼前 D. 没有法律效力
E. 方法灵活、程序简便
6. 下列调解书（调解协议），经双方签字认可后，具有强制执行力的有（　　）。
A. 和解协议 B. 民间调解协议
C. 行政调解协议 D. 仲裁调解书
E. 法院调解书
7. 以下关于仲裁的描述，正确的有（　　）。
A. 裁决书一裁终局，如果不服裁决，只能选择诉讼
B. 仲裁裁决具有强制执行力，一方当事人不履行的，对方当事人可以申请由仲裁机构强制执行
C. 仲裁中仍然可以和解、调解
D. 合同争议双方可以参与仲裁员的选择
E. 仲裁具有专业性、保密性、独立性的特点
8. 施工合同可采用合同争议评审解决发承包人的合同争议，其具有（　　）的优点。
A. 专业性强 B. 程序简单

C. 用时较短 D. 结果具有强制性
E. 支付费用低

9. （　　）是解决施工合同争议的主要方式。
A. 和解 B. 调解
C. 总监理工程师暂定方案 D. 合同争议评审
E. 仲裁或诉讼

10. 施工合同发生争议时，（　　）可以组织调解。
A. 监理人 B. 发承包人的上级领导
C. 行业协会 D. 政府主管部门
E. 诉讼法院

参 考 文 献

[1] 张晓丹，郭庆阳. 工程项目承揽与合同管理［M］. 3版. 北京：中国建筑工业出版社，2018.

[2] 宋春岩. 建设工程招投标与合同管理［M］. 4版. 北京：北京大学出版社，2019.

[3] 何百洲，李素蕾，郑宪强. 工程合同法律制度［M］. 2版. 北京：中国建筑工业出版社，2019.

[4] 皇甫婧琪. 教师工程法规［M］. 3版. 北京：北京大学出版社，2018.

[5] 何百洲，刘禹. 工程建设合同与合同管理［M］. 大连：东北财经大学出版社，2008.

[6] 全国一级建造师执业资格考试用书编审委员会. 建设工程法规及相关知识［M］. 北京：中国建筑工业出版社，2019.

[7] 中国建设监理协会. 建设工程合同管理［M］. 北京：中国建筑工业出版社，2021.

[8] 全国造价工程师职业资格考试培训教材编审委员会. 建设工程造价管理基础知识［M］. 北京：中国计划出版社，2019.

附件

工程招投标与合同管理

课程实训

任务书与指导书

目录

任务 1　工程招投标与合同管理课程实训任务书 ·· 1
　1.1　课程实训目的 ·· 1
　1.2　课程实训内容 ·· 1
　1.3　课程实训要求 ·· 1
　1.4　课程实训方式 ·· 2
　1.5　课程实训成果 ·· 2
　1.6　成绩考核 ·· 2
　1.7　进度控制 ·· 3
任务 2　工程招投标与合同管理课程实训指导书 ·· 4
　2.1　《建设工程施工合同（示范文本）》 ··· 4
　2.2　具体工程实际情境及工程索赔案例 ·· 33
任务 3　工程招投标与合同管理课程实训编制格式 ··· 36
　3.1　封面格式 ·· 36
　3.2　目录及排版 ··· 36
　3.3　成绩评定表 ··· 36
　3.4　其他参考用表 ·· 36

任务 1

工程招投标与合同管理课程实训任务书

1.1 课程实训目的

工程招投标与合同管理是工程造价专业的一门专项能力必修课程，也是造价师、建造师、监理师及项目管理岗位培训、鉴定、考试的重点内容。而课程实训是课程教学的重要组成部分，旨在培养学生工程招标投标与合同管理实操应用能力和综合职业能力，采用实际操作+自主学习+小组讨论的方式，深化学习效果，突出能力培养，感悟实用价值。通过本课程实训，使学生能站在施工方角度上的造价相关岗位，应用工程合同管理基本知识和技术，实施合同管理工作，全面提高学生发现问题、分析问题、处理问题的能力，为顶岗实践和就业做好准备。

1.2 课程实训内容

（1）根据给定的工程情景（如某工程招标文件与投标文件）及建设工程施工合同示范文本，拟定一份工程建设施工合同。

（2）工程索赔案例分析。根据给定的工程情景中出现的相关事件（工程索赔案例）及导向问题，进行案例分析。

（3）在工程索赔案例分析的基础上，依据合同条款、索赔程序及相关法律进行工程索赔。要求编制齐全完整的索赔文件，并模拟完成索赔流程。

（4）通过实训，进一步解读、梳理和总结《建设工程施工合同（示范文本）》通用条款相关内容，深化学习效果。

1.3 课程实训要求

（1）拟定工程建设施工合同以小组为单位进行，其他内容每位学生必须独立完成；组长做好领导、组织、协调、考核和评价工作。

（2）每位学生必须参加指导教师的监控和指导，并利用课余时间努力完成实训内容。

（3）每位同学必须按计划完成阶段性实训成果，并随时接受实训指导教师的检查。

（4）实训期间，应对学习资料进行收集、应用并及时小结。

（5）积极参与老师、组长组织的关于实训相关内容的分析与讨论。

（6）实习成果要求表达规范、完整、整洁、美观，注意按要求排版。

1.4 课程实训方式

课程实训随课堂进行，共记 24 学时，均在校内实践基地进行，由校内教师及校外兼职教师共同进行指导。

1.5 课程实训成果

课程实训结束后，实训成果按规定要求，以小组为单位装订成册，封底封面采用班级统一用纸（蓝色）装订。

1.6 成绩考核

1. 考核项目

（1）过程考核。过程考核主要考核学生在实训期间的平时表现（学习态度、学习方法、到课率等）以及阶段性成果质量及完成的及时性。

本阶段考核组长打分与教师打分各占 50%。

（2）成果质量考核。成果质量考核，根据学生按计划完成的成果质量（成果完成情况、对相关知识的运用情况、自我小结等）进行考核。

$$总评成绩 = 过程评价 \times 0.4 + 成果评价 \times 0.6$$

2. 成绩考核评定表

《工程招投标与合同管理课程实训》成绩考核评定表

考核项目	主要考核内容	相应分数分布	组长打分	教师打分	权重系数	合计
过程考核	平时表现（考勤/态度/积极性等）	50			0.4	
	阶段性成果质量及完成的及时性	50				
成果考核	编制与订立建设工程施工合同	40			0.6	
	《建设工程施工合同（示范文本）》条款解读及归纳（规定内容）	20				
	建设工程合同中工程索赔案例分析，撰写索赔意向书及索赔报告	20				

(续)

考核项目	主要考核内容	相应分数分布	组长打分	教师打分	权重系数	合计
成果考核	《建设工程施工合同（示范文本）》条款解读自行选择部分	10			0.6	
	排版	10				

注：如果有选做内容，可以酌情根据成果质量予以加分。

1.7 进度控制

1. 任务布置与交底，收集、熟悉任务基础资料（4学时）
2. 编制施工合同，进行工程索赔分析等（18学时）
3. 按要求排版并装订成册（2学时）

任务 2

工程招投标与合同管理课程实训指导书

2.1 《建设工程施工合同（示范文本）》

第一部分 合同协议书

发包人（全称）：_____

承包人（全称）：_____

根据《中华人民共和国合同法》《中华人民共和国建筑法》及有关法律规定，遵循平等、自愿、公平和诚实信用的原则，双方就_____工程施工及有关事项协商一致，共同达成如下协议：

一、工程概况

1. 工程名称：_____。
2. 工程地点：_____。
3. 工程立项批准文号：_____。
4. 资金来源：_____。
5. 工程内容：_____。

群体工程应附"承包人承揽工程项目一览表"（附件1）。

6. 工程承包范围：

_____

_____。

二、合同工期

计划开工日期：_____年_____月_____日。

计划竣工日期：＿＿＿＿＿＿＿＿年＿＿＿＿月＿＿＿＿日。

工期总日历天数：＿＿＿＿＿＿天。工期总日历天数与根据前述计划开竣工日期计算的工期天数不一致的，以工期总日历天数为准。

三、质量标准

工程质量符合＿＿＿＿＿＿＿＿＿＿＿＿＿＿＿＿＿＿＿＿＿＿＿＿标准。

四、签约合同价与合同价格形式

1. 签约合同价

人民币（大写）＿＿＿＿＿＿＿＿＿＿＿＿（¥＿＿＿＿＿＿＿元）。

其中：

（1）安全文明施工费：

人民币（大写）＿＿＿＿＿＿＿＿＿＿＿＿（¥＿＿＿＿＿＿＿元）。

（2）材料和工程设备暂估价金额：

人民币（大写）＿＿＿＿＿＿＿＿＿＿＿＿（¥＿＿＿＿＿＿＿元）。

（3）专业工程暂估价金额：

人民币（大写）＿＿＿＿＿＿＿＿＿＿＿＿（¥＿＿＿＿＿＿＿元）。

（4）暂列金额：

人民币（大写）＿＿＿＿＿＿＿＿＿＿＿＿（¥＿＿＿＿＿＿＿元）。

2. 合同价格形式：＿＿＿＿＿＿＿＿＿＿＿＿＿＿＿＿＿＿＿＿。

五、项目经理

承包人项目经理：＿＿＿＿＿＿＿＿＿＿＿＿＿＿＿＿＿＿。

六、合同文件构成

本协议书与下列文件一起构成合同文件：
（1）中标通知书（如果有）。
（2）投标函及其附录（如果有）。
（3）专用合同条款及其附件。
（4）通用合同条款。
（5）技术标准和要求。
（6）图纸。
（7）已标价工程量清单或预算书。
（8）其他合同文件。

在合同订立及履行过程中形成的与合同有关的文件均构成合同文件组成部分。

上述各项合同文件包括合同当事人就该项合同文件所作出的补充和修改，属于同一类内容的文件，应以最新签署的为准。专用合同条款及其附件须经合同当事人签字或盖章。

七、承诺

1. 发包人承诺按照法律规定履行项目审批手续、筹集工程建设资金并按照合同约定的期限和方式支付合同价款。

2. 承包人承诺按照法律规定及合同约定组织完成工程施工,确保工程质量和安全,不进行转包及违法分包,并在缺陷责任期及保修期内承担相应的工程维修责任。

3. 发包人和承包人通过招标投标形式签订合同的,双方理解并承诺不再就同一工程另行签订与合同实质性内容相背离的协议。

八、词语含义

本协议书中词语含义与第二部分通用合同条款中赋予的含义相同。

九、签订时间

本合同于＿＿＿＿＿＿年＿＿＿＿月＿＿＿＿日签订。

十、签订地点

本合同在＿＿＿＿＿＿＿＿＿＿＿＿＿＿＿＿签订。

十一、补充协议

合同未尽事宜,合同当事人另行签订补充协议,补充协议是合同的组成部分。

十二、合同生效

本合同自＿＿＿＿＿＿＿＿＿＿＿＿＿＿生效。

十三、合同份数

本合同一式＿＿＿份,均具有同等法律效力,发包人执＿＿＿份,承包人执＿＿＿份。

发包人:　　（公章）　　　　　　承包人:　　（公章）

法定代表人或其委托代理人:　　　　法定代表人或其委托代理人:
（签字）　　　　　　　　　　　　　（签字）

组织机构代码:＿＿＿＿＿＿＿＿＿　　组织机构代码:＿＿＿＿＿＿＿＿＿
地　　址:＿＿＿＿＿＿＿＿＿＿＿　　地　　址:＿＿＿＿＿＿＿＿＿＿＿
邮政编码:＿＿＿＿＿＿＿＿＿＿＿　　邮政编码:＿＿＿＿＿＿＿＿＿＿＿
法定代表人:＿＿＿＿＿＿＿＿＿＿　　法定代表人:＿＿＿＿＿＿＿＿＿＿
委托代理人:＿＿＿＿＿＿＿＿＿＿　　委托代理人:＿＿＿＿＿＿＿＿＿＿

电　　话：_____　　电　　话：_____
传　　真：_____　　传　　真：_____
电子信箱：_____　　电子信箱：_____
开户银行：_____　　开户银行：_____
账　　号：_____　　账　　号：_____

第二部分　通用合同条款

第三部分　专用合同条款

1. 一般约定

1.1　词语定义

1.1.1　合同

1.1.1.10　其他合同文件包括：_____
_____。

1.1.2　合同当事人及其他相关方

1.1.2.4　监理人：

名　　称：_____。
资质类别和等级：_____。
联系电话：_____。
电子信箱：_____。
通信地址：_____。

1.1.2.5　设计人：

名　　称：_____。
资质类别和等级：_____。
联系电话：_____。
电子信箱：_____。
通信地址：_____。

1.1.3　工程和设备

1.1.3.7　作为施工现场组成部分的其他场所包括：_____
_____。

1.1.3.9　永久占地包括：_____。

1.1.3.10　临时占地包括：_____。

1.3　法律

适用于合同的其他规范性文件包括：_____
_____。

1.4 标准和规范

1.4.1 适用于工程的标准规范包括：_____
_____。

1.4.2 发包人提供国外标准、规范的名称：_____
_____。

发包人提供国外标准、规范的份数：_____。

1.4.3 发包人对工程的技术标准和功能要求的特殊要求：_____
_____。

1.5 合同文件的优先顺序

合同文件组成及优先顺序为：_____
_____
_____。

1.6 图纸和承包人文件

1.6.1 图纸的提供

发包人向承包人提供图纸的期限：_____。

发包人向承包人提供图纸的数量：_____。

发包人向承包人提供图纸的内容：_____。

1.6.4 承包人文件

需要由承包人提供的文件，包括：_____
_____。

承包人提供的文件的期限为：_____。

承包人提供的文件的数量为：_____。

承包人提供的文件的形式为：_____。

发包人审批承包人文件的期限为：_____。

1.6.5 现场图纸准备

关于现场图纸准备的约定：_____。

1.7 联络

1.7.1 发包人和承包人应当在）____天内将与合同有关的通知、批准、证明、证书、指示、指令、要求、请求、同意、意见、确定和决定等书面函件送达对方当事人。

1.7.2 发包人接收文件的地点：_____。

发包人指定的接收人为：_____。

承包人接收文件的地点为：_____。

承包人指定的接收人为：_____。

监理人接收文件的地点为：_____。

监理人指定的接收人为：_____。

1.10 交通运输

1.10.1 出入现场的权利

关于出入现场的权利的约定为：_____

1.10.3 场内交通

关于场外交通和场内交通的边界的约定为：_____
_____。

关于发包人向承包人免费提供满足工程施工需要的场内道路和交通设施的约定为：
_____
_____。

1.10.4 超大件和超重件的运输

运输超大件或超重件所需的道路和桥梁临时加固改造费用和其他有关费用由_____
_____承担。

1.11 知识产权

1.11.1 关于发包人提供给承包人的图纸、发包人为实施工程自行编制或委托编制的技术规范以及反映发包人关于合同要求或其他类似性质的文件的著作权的归属：
_____
_____。

关于发包人提供的上述文件的使用限制的要求为：_____
_____。

1.11.2 关于承包人为实施工程所编制文件的著作权的归属：_____
_____。

关于承包人提供的上述文件的使用限制的要求为：_____
_____。

1.11.4 承包人在施工过程中所采用的专利、专有技术、技术秘密的使用费的承担方式为：_____
_____。

1.13 工程量清单错误的修正

出现工程量清单错误时，是否调整合同价格：_____。

允许调整合同价格的工程量偏差范围为：_____
_____。

2. 发包人

2.2 发包人代表

发包人代表：
姓　　名：_____。
身份证号：_____。
职　　务：_____。
联系电话：_____。
电子信箱：_____。
通信地址：_____。

发包人对发包人代表的授权范围如下：_____
_____。

2.4 施工现场、施工条件和基础资料的提供

2.4.1 提供施工现场

关于发包人移交施工现场的期限要求为：_____
_____。

2.4.2 提供施工条件

关于发包人应负责提供施工所需要的条件，包括：_____
_____。

2.5 资金来源证明及支付担保

发包人提供资金来源证明的期限要求为：_____。

发包人是否提供支付担保：_____。

发包人提供支付担保的形式：_____。

3. 承包人

3.1 承包人的一般义务

承包人提交的竣工资料的内容包括：_____
_____。

承包人需要提交的竣工资料套数：_____。

承包人提交的竣工资料的费用承担：_____。

承包人提交的竣工资料移交时间：_____。

承包人提交的竣工资料形式要求：_____。

承包人应履行的其他义务有：_____
_____。

3.2 项目经理

3.2.1 项目经理：

姓　　名：_____。

身份证号：_____。

建造师执业资格等级：_____。

建造师注册证书号：_____。

建造师执业印章号：_____。

安全生产考核合格证书号：_____。

联系电话：_____。

电子信箱：_____。

通信地址：_____。

承包人对项目经理的授权范围如下：_____
_____。

关于项目经理每月在施工现场的时间要求为：_____

承包人未提交劳动合同，以及没有为项目经理缴纳社会保险证明的违约责任有：_____

项目经理未经批准，擅自离开施工现场的违约责任有：_____

3.2.3 承包人擅自更换项目经理的违约责任有：_____

3.2.4 承包人无正当理由拒绝更换项目经理的违约责任有：_____

3.3 承包人人员
3.3.1 承包人提交项目管理机构及施工现场管理人员安排报告的期限为：_____

3.3.3 承包人无正当理由拒绝撤换主要施工管理人员的违约责任有：_____

3.3.4 承包人主要施工管理人员离开施工现场的批准要求有：_____

3.3.5 承包人擅自更换主要施工管理人员的违约责任有：_____

承包人主要施工管理人员擅自离开施工现场的违约责任有：_____

3.5 分包
3.5.1 分包的一般约定
禁止分包的工程包括：_____。
主体结构、关键性工作的范围：_____

3.5.2 分包的确定
允许分包的专业工程包括：_____。
其他关于分包的约定：_____

3.5.4 分包合同价款
关于分包合同价款支付的约定：_____。

3.6 工程照管与成品、半成品保护
承包人负责照管工程及工程相关的材料、工程设备的起始时间：_____

3.7 履约担保
承包人是否提供履约担保：_____。
承包人提供履约担保的形式、金额及期限：_____

4. 监理人

4.1 监理人的一般规定
关于监理人的监理内容：_____。
关于监理人的监理权限：_____。
关于监理人在施工现场的办公场所、生活场所的提供和费用承担的约定：_____。

4.2 监理人员
总监理工程师：
姓　　名：_____。
职　　务：_____。
监理工程师执业资格证书号：_____。
联系电话：_____。
电子信箱：_____。
通信地址：_____。
关于监理人的其他约定：_____。

4.4 商定或确定
在发包人和承包人不能通过协商达成一致意见时，发包人授权监理人对以下事项进行确定：
（1）_____。
（2）_____。
（3）_____。

5. 工程质量

5.1 质量要求
5.1.1 特殊质量标准和要求：_____。
关于工程奖项的约定：_____。

5.3 隐蔽工程检查
5.3.2 承包人提前通知监理人隐蔽工程检查的期限的约定：_____。
监理人不能按时进行检查时，应提前_____小时提交书面延期要求。
关于延期，最长不得超过：_____小时。

6. 安全文明施工与环境保护

6.1 安全文明施工
6.1.1 项目安全生产的达标目标及相应事项的约定：_____

6.1.4 关于治安保卫的特别约定：_____

关于编制施工场地治安管理计划的约定：_____

6.1.5 文明施工
合同当事人对文明施工的要求：_____

6.1.6 关于安全文明施工费支付比例和支付期限的约定：_____

7. 工期和进度

7.1 施工组织设计
7.1.1 合同当事人约定的施工组织设计应包括的其他内容：_____

7.1.2 施工组织设计的提交和修改
承包人提交详细施工组织设计的期限的约定：_____

发包人和监理人在收到详细的施工组织设计后确认或提出修改意见的期限：_____。

7.2 施工进度计划
7.2.2 施工进度计划的修订
发包人和监理人在收到修订的施工进度计划后确认或提出修改意见的期限：_____。

7.3 开工
7.3.1 开工准备
关于承包人提交工程开工报审表的期限：_____。
关于发包人应完成的其他开工准备工作及期限：_____

关于承包人应完成的其他开工准备工作及期限：_____

7.3.2 开工通知
因发包人原因造成监理人未能在计划开工日期之日起____天内发出开工通知的，承包人有权提出价格调整要求，或者解除合同。

7.4 测量放线
7.4.1 发包人通过监理人向承包人提供测量基准点、基准线和水准点及其书面资料的期限：_____。

7.5 工期延误
7.5.1 因发包人原因导致工期延误
因发包人原因导致工期延误的其他情形：_____

7.5.2　因承包人原因导致工期延误

因承包人原因造成工期延误，逾期竣工违约金的计算方法：_____
_____。

因承包人原因造成工期延误，逾期竣工违约金的上限：_____
_____。

7.6　不利物质条件

不利物质条件的其他情形和有关约定：_____
_____。

7.7　异常恶劣的气候条件

发包人和承包人同意以下情形视为异常恶劣的气候条件：
（1）_____。
（2）_____。
（3）_____。

7.9　提前竣工的奖励

7.9.2　提前竣工的奖励：_____。

8. 材料与设备

8.4　材料与工程设备的保管与使用

8.4.1　发包人供应的材料设备的保管费用的承担：_____
_____。

8.6　样品

8.6.1　样品的报送与封存

需要承包人报送样品的材料或工程设备，样品的种类、名称、规格、数量要求：
_____。

8.8　施工设备和临时设施

8.8.1　承包人提供的施工设备和临时设施

关于修建临时设施费用承担的约定：_____
_____。

9. 试验与检验

9.1　试验设备与试验人员

9.1.2　试验设备

施工现场需要配置的试验场所：_____
_____。

施工现场需要配备的试验设备：_____
_____。

施工现场需要具备的其他试验条件：_____
_____。

9.4 现场工艺试验

现场工艺试验的有关约定：_____
_____

10. 变更

10.1 变更的范围

关于变更的范围的约定：_____
_____

10.4 变更估价

10.4.1 变更估价原则

关于变更估价的约定：_____
_____

10.5 承包人的合理化建议

监理人审查承包人合理化建议的期限：_____。
发包人审批承包人合理化建议的期限：_____。
承包人提出的合理化建议降低了合同价格或者提高了工程经济效益的奖励的方法和金额为：_____
_____

10.7 暂估价

暂估价材料和工程设备的明细详见附件11：《暂估价一览表》。

10.7.1 依法必须招标的暂估价项目

对于依法必须招标的暂估价项目的确认和批准采取第____种方式确定。

10.7.2 不属于依法必须招标的暂估价项目

对于不属于依法必须招标的暂估价项目的确认和批准采取第____种方式确定。

第3种方式：承包人直接实施的暂估价项目

承包人直接实施的暂估价项目的约定：_____
_____

10.8 暂列金额

合同当事人关于暂列金额使用的约定：_____
_____

11. 价格调整

11.1 市场价格波动引起的调整

市场价格波动是否调整合同价格的约定：_____。
因市场价格波动调整合同价格，采用以下第____种方式对合同价格进行调整：
第1种方式：采用价格指数进行价格调整。
关于各可调因子、定值和变值权重，以及基本价格指数及其来源的约定：_____。
第2种方式：采用造价信息进行价格调整。
关于基准价格的约定：_____。

专用合同条款规定：

（1）承包人在已标价工程量清单或预算书中载明的材料单价低于基准价格的，专用合同条款合同履行期间材料单价涨幅以基准价格为基础超过____%时，或材料单价跌幅以已标价工程量清单或预算书中载明材料单价为基础超过____%时，其超过部分据实调整。

（2）承包人在已标价工程量清单或预算书中载明的材料单价高于基准价格的，专用合同条款合同履行期间材料单价跌幅以基准价格为基础超过____%时，材料单价涨幅以已标价工程量清单或预算书中载明材料单价为基础超过____%时，其超过部分据实调整。

（3）承包人在已标价工程量清单或预算书中载明的材料单价等于基准单价的，专用合同条款合同履行期间材料单价涨跌幅以基准单价为基础超过±____%时，其超过部分据实调整。

第3种方式：其他价格调整方式。其他价格调整方式包括：_____
_____。

12. 合同价格、计量与支付

12.1 合同价格形式

1. 单价合同

综合单价包含的风险范围：_____
_____。

风险费用的计算方法：_____
_____。

风险范围以外合同价格的调整方法：_____
_____。

2. 总价合同

总价包含的风险范围：_____
_____。

风险费用的计算方法：_____
_____。

风险范围以外合同价格的调整方法：_____
_____。

3. 其他价格方式

其他价格方式包括：_____
_____。

12.2 预付款

12.2.1 预付款的支付

预付款支付比例或金额：_____。

预付款支付期限：_____。

预付款扣回的方式：_____。

12.2.2 预付款担保

承包人提交预付款担保的期限：_____。

预付款担保的形式为：_____。

12.3 计量

12.3.1 计量原则

工程量计算规则：_____。

12.3.2 计量周期

关于计量周期的约定：_____。

12.3.3 单价合同的计量

关于单价合同计量的约定：_____。

12.3.4 总价合同的计量

关于总价合同计量的约定：_____。

12.3.5 总价合同采用支付分解表计量支付的，是否适用第12.3.4项〔总价合同的计量〕约定进行计量：_____。

12.3.6 其他价格形式合同的计量

其他价格形式的计量方式和程序：_____
_____。

12.4 工程进度款支付

12.4.1 付款周期

关于付款周期的约定：_____。

12.4.2 进度付款申请单的编制

关于进度付款申请单编制的约定：_____
_____。

12.4.3 进度付款申请单的提交

（1）单价合同进度付款申请单提交的约定：_____。

（2）总价合同进度付款申请单提交的约定：_____。

（3）其他价格形式合同进度付款申请单提交的约定：_____
_____。

12.4.4 进度款审核和支付

（1）监理人审查并报送发包人的期限：_____。

发包人完成审批并签发进度款支付证书的期限：_____
_____。

（2）发包人支付进度款的期限：_____。

发包人逾期支付进度款的违约金的计算方式：_____
_____。

12.4.6 支付分解表的编制

总价合同支付分解表的编制与审批：_____
_____。

单价合同的总价项目支付分解表的编制与审批：_____
_____。

13. 验收和工程试车

13.1 分部分项工程验收
13.1.2 监理人不能按时进行验收时，应提前_____小时提交书面延期要求。
关于延期最长不得超过：_____小时。

13.2 竣工验收
13.2.2 竣工验收程序
关于竣工验收程序的约定：_____
_____。
发包人不按照本项约定组织竣工验收、颁发工程接收证书的违约金的计算方法：
_____。

13.2.5 移交、接收全部与部分工程
承包人向发包人移交工程的期限：_____。
发包人未按本合同约定接收全部或部分工程的，违约金的计算方法为：_____。
承包人未按时移交工程的，违约金的计算方法为：_____
_____。

13.3 工程试车
13.3.1 试车程序
工程试车内容：_____
_____
_____。

（1）单机无负荷试车费用由_____承担。
（2）无负荷联动试车费用由_____承担。

13.3.3 投料试车
关于投料试车相关事项的约定：_____
_____。

13.6 竣工退场
13.6.1 竣工退场
承包人完成竣工退场的期限：_____。

14. 竣工结算

14.1 竣工结算申请
承包人提交竣工结算申请单的期限：_____。
竣工结算申请单应包括的内容：_____
_____。

14.2 竣工结算审核

发包人审批竣工付款申请单的期限：_____。

发包人完成竣工付款的期限：_____。

关于竣工付款证书异议部分复核的方式和程序：_____
_____。

14.4 最终结清

14.4.1 最终结清申请单

承包人提交最终结清申请单的份数：_____。

承包人提交最终结算申请单的期限：_____。

14.4.2 最终结清证书和支付

（1）发包人完成最终结清申请单的审批并颁发最终结清证书的期限：_____
_____。

（2）发包人完成支付的期限：_____。

15. 缺陷责任期与保修

15.2 缺陷责任期

缺陷责任期的具体期限：_____
_____。

15.3 质量保证金

关于是否扣留质量保证金的约定：_____。在工程项目竣工前，承包人按专用合同条款第3.7条提供履约担保的，发包人不得同时预留工程质量保证金。

15.3.1 承包人提供质量保证金的方式

质量保证金采用以下第____种方式：

（1）质量保证金保函，保证金额为：_____。

（2）_____%的工程款。

（3）其他方式：_____
_____。

15.3.2 质量保证金的扣留

质量保证金的扣留采取以下第____种方式：

（1）在支付工程进度款时逐次扣留，在此情形下，质量保证金的计算基数不包括预付款的支付、扣回以及价格调整的金额。

（2）工程竣工结算时一次性扣留质量保证金。

（3）其他扣留方式：_____
_____。

关于质量保证金的补充约定：_____
_____。

15.4 保修

15.4.1 保修责任

工程保修期为：_____
_____。

15.4.3 修复通知

承包人收到保修通知并到达工程现场的合理时间：_____
_____。

16. 违约

16.1 发包人违约

16.1.1 发包人违约的情形

发包人违约的其他情形：_____
_____。

16.1.2 发包人违约的责任

发包人违约责任的承担方式和计算方法：

（1）因发包人原因未能在计划开工日期前 7 天内下达开工通知的违约责任：_____。

（2）因发包人原因未能按合同约定支付合同价款的违约责任：_____。

（3）发包人违反第 10.1 款〔变更的范围〕第（2）项约定，自行实施被取消的工作或转由他人实施的违约责任：_____
_____。

（4）发包人提供的材料、工程设备的规格、数量或质量不符合合同约定，或因发包人原因导致交货日期延误或交货地点变更等情况的违约责任：_____。

（5）因发包人违反合同约定造成暂停施工的违约责任：_____
_____。

（6）发包人无正当理由没有在约定期限内发出复工指示，导致承包人无法复工的违约责任：_____。

（7）其他：_____。

16.1.3 因发包人违约解除合同

承包人按 16.1.1 项〔发包人违约的情形〕约定暂停施工满____天后发包人仍不纠正其违约行为并致使合同目的不能实现的，承包人有权解除合同。

16.2 承包人违约

16.2.1 承包人违约的情形

承包人违约的其他情形：_____
_____。

16.2.2 承包人违约的责任

承包人违约责任的承担方式和计算方法：_____
_____。

16.2.3 因承包人违约解除合同

关于承包人违约解除合同的特别约定：_____
_____。

发包人继续使用承包人在施工现场的材料、设备、临时工程、承包人文件和由承包人或以其名义编制的其他文件的费用承担方式：_____
_____。

17. 不可抗力

17.1 不可抗力的确认
除通用合同条款约定的不可抗力事件之外,视为不可抗力的其他情形:_____
_____。

17.4 因不可抗力解除合同
合同解除后,发包人应在商定或确定发包人应支付款项后____天内完成款项的支付。

18. 保险

18.1 工程保险
关于工程保险的特别约定:_____。

18.3 其他保险
关于其他保险的约定:_____。
承包人是否应为其施工设备等办理财产保险:_____
_____。

18.7 通知义务
关于变更保险合同时的通知义务的约定:_____
_____。

20. 争议解决

20.3 争议评审
合同当事人是否同意将工程争议提交争议评审小组的决定:_____
_____。

20.3.1 争议评审小组的确定
争议评审小组成员的确定:_____。
选定争议评审员的期限:_____。
争议评审小组成员的报酬承担方式:_____。
其他事项的约定:_____。

20.3.2 争议评审小组的决定
合同当事人关于本项的约定:_____。

20.4 仲裁或诉讼
因合同及合同有关事项发生的争议,按下列第____种方式解决:
(1)向_____仲裁委员会申请仲裁。
(2)向_____人民法院提起诉讼。

附件
协议书附件:
附件1:承包人承揽工程项目一览表

专用合同条款附件：
附件2：发包人供应材料设备一览表
附件3：工程质量保修书
附件4：主要建设工程文件目录
附件5：承包人用于本工程施工的机械设备表
附件6：承包人主要施工管理人员表
附件7：分包人主要施工管理人员表
附件8：履约担保格式
附件9：预付款担保格式
附件10：支付担保格式
附件11：暂估价一览表

附件1：

承包人承揽工程项目一览表

单位工程名称	建设规模	建筑面积/m²	结构形式	层数	生产能力	设备安装内容	合同价格/元	开工日期	竣工日期

附件2：

发包人供应材料设备一览表

序号	材料、设备品种	规格型号	单位	数量	单价/元	质量等级	供应时间	送达地点	备注

（续）

序号	材料、设备品种	规格型号	单位	数量	单价/元	质量等级	供应时间	送达地点	备注

附件3：

工程质量保修书

发包人（全称）：_____

承包人（全称）：_____

发包人和承包人根据《中华人民共和国建筑法》和《建设工程质量管理条例》，经协商一致就_____（工程全称）签订工程质量保修书。

一、工程质量保修范围和内容

承包人在质量保修期内，按照有关法律规定和合同约定，承担工程质量保修责任。

质量保修范围包括地基基础工程、主体结构工程，屋面防水工程、有防水要求的卫生间、房间和外墙面的防渗漏，供热与供冷系统，电气管线、给排水管道、设备安装和装修工程，以及双方约定的其他项目。具体保修的内容，双方约定如下：

_____
_____
_____。

二、质量保修期

根据《建设工程质量管理条例》及有关规定，工程的质量保修期如下：

1. 地基基础工程和主体结构工程为设计文件规定的工程合理使用年限。
2. 屋面防水工程、有防水要求的卫生间、房间和外墙面的防渗为_____年。

3. 装修工程为_____年。
4. 电气管线、给水排水管道、设备安装工程为_____年。
5. 供热与供冷系统为_____个采暖期、供冷期。
6. 住宅小区内的给排水设施、道路等配套工程为_____年。
7. 其他项目保修期限约定如下：

_____

_____

_____。

质量保修期自工程竣工验收合格之日起计算。

三、缺陷责任期

工程缺陷责任期为_____个月，缺陷责任期自工程通过竣工验收之日起计算。单位工程先于全部工程进行验收，单位工程缺陷责任期自单位工程验收合格之日起算。

缺陷责任期终止后，发包人应退还剩余的质量保证金。

四、质量保修责任

1. 属于保修范围、内容的项目，承包人应当在接到保修通知之日起 7 天内派人保修。承包人不在约定期限内派人保修的，发包人可以委托他人修理。
2. 发生紧急事故需抢修的，承包人在接到事故通知后，应当立即到达事故现场抢修。
3. 对于涉及结构安全的质量问题，应当按照《建设工程质量管理条例》的规定，立即向当地建设行政主管部门和有关部门报告，采取安全防范措施，并由原设计人或者具有相应资质等级的设计人提出保修方案，承包人实施保修。
4. 质量保修完成后，由发包人组织验收。

五、保修费用

保修费用由造成质量缺陷的责任方承担。

六、双方约定的其他工程质量保修事项：_____

_____

_____。

工程质量保修书由发包人、承包人在工程竣工验收前共同签署，作为施工合同附件，其有效期限至保修期满。

发包人（公章）：_____ 承包人（公章）：_____
地　　址：_____ 地　　址：_____
法定代表人（签字）：_____ 法定代表人（签字）：_____
委托代理人（签字）：_____ 委托代理人（签字）：_____
电　　话：_____ 电　　话：_____
传　　真：_____ 传　　真：_____
开户银行：_____ 开户银行：_____
账　　号：_____ 账　　号：_____
邮政编码：_____ 邮政编码：_____

附件4：

主要建设工程文件目录

文件名称	套数	费用/元	质量	移交时间	责任人

附件5：

承包人用于本工程施工的机械设备表

序号	机械或设备名称	规格型号	数量	产地	制造年份	额定功率/kW	生产能力	备注

（续）

序号	机械或设备名称	规格型号	数量	产地	制造年份	额定功率/kW	生产能力	备注

附件6：

承包人主要施工管理人员表

名称	姓名	职务	职称	主要资历、经验及承担过的项目
一、总部人员				
项目主管				
其他人员				
二、现场人员				
项目经理				
项目副经理				
技术负责人				
造价管理				
质量管理				
材料管理				
计划管理				
安全管理				
其他人员				

附件 7：

分包人主要施工管理人员表

名称	姓名	职务	职称	主要资历、经验及承担过的项目
一、总部人员				
项目主管				
其他人员				
二、现场人员				
项目经理				
项目副经理				
技术负责人				
造价管理				
质量管理				
材料管理				
计划管理				
安全管理				
其他人员				

附件 8：

履约担保格式

_____（发包人名称）：

鉴于_____（发包人名称，以下简称"发包人"）与_____（承包人名称）（以下称"承包人"）于____年__月__日就_____（工程名称）施工及有关事项协商一致共同签订《建设工程施工合同》。我方愿意无条件地、不可撤销地就承包人履行与你方签订的合同，向你方提供连带责任担保。

1. 担保金额人民币（大写）_____元（¥_____）。

2. 担保有效期自你方与承包人签订的合同生效之日起至你方签发或应签发工程接收证书之日止。

3. 在本担保有效期内，因承包人违反合同约定的义务给你方造成经济损失时，我方在收到你方以书面形式提出的在担保金额内的赔偿要求后，在 7 天内无条件支付。

4. 你方和承包人按合同约定变更合同时，我方承担本担保规定的义务不变。

5. 因本保函发生的纠纷，可由双方协商解决，协商不成的，任何一方均可提请_____仲裁委员会仲裁。

6. 本保函自我方法定代表人（或其授权代理人）签字并加盖公章之日起生效。

担　保　人：_____（盖单位章）
法定代表人或其委托代理人：_____（签字）
地　　　址：_____
邮政编码：_____
电　　　话：_____
传　　　真：_____
　　　_____年_____月_____日

附件9：

预付款担保格式

_____（发包人名称）：

根据_____（承包人名称）（以下称"承包人"）与_____（发包人名称）（以下简称"发包人"）于____年____月____日签订的_____（工程名称）《建设工程施工合同》，承包人按约定的金额向你方提交一份预付款担保，即有权得到你方支付相等金额的预付款。我方愿意就你方提供给承包人的预付款为承包人提供连带责任担保。

1. 担保金额人民币（大写）_____元（¥_____）。

2. 担保有效期自预付款支付给承包人起生效，至你方签发的进度款支付证书说明已完全扣清止。

3. 在本保函有效期内，因承包人违反合同约定的义务而要求收回预付款时，我方在收到你方的书面通知后，在7天内无条件支付。但本保函的担保金额，在任何时候不应超过预付款金额减去你方按合同约定在向承包人签发的进度款支付证书中扣除的金额。

4. 你方和承包人按合同约定变更合同时，我方承担本保函规定的义务不变。

5. 因本保函发生的纠纷，可由双方协商解决，协商不成的，任何一方均可提请_____仲裁委员会仲裁。

6. 本保函自我方法定代表人（或其授权代理人）签字并加盖公章之日起生效。

担　保　人：_____（盖单位章）
法定代表人或其委托代理人：_____（签字）
地　　　址：_____
邮政编码：_____
电　　　话：_____
传　　　真：_____
　　　_____年_____月_____日

附件 10：

支付担保格式

_____（承包人）：

鉴于你方作为承包人已经与_____（发包人名称）（以下称"发包人"）于____年__月__日签订了_____（工程名称）《建设工程施工合同》（以下称"主合同"），应发包人的申请，我方愿就发包人履行主合同约定的工程款支付义务以保证的方式向你方提供如下担保：

一、保证的范围及保证金额

1. 我方的保证范围是主合同约定的工程款。

2. 本保函所称主合同约定的工程款是指主合同约定的除工程质量保证金以外的合同价款。

3. 我方保证的金额是主合同约定的工程款的_____%，数额最高不超过人民币元（大写：_____）。

二、保证的方式及保证期间

1. 我方保证的方式为：连带责任保证。

2. 我方保证的期间为：自本合同生效之日起至主合同约定的工程款支付完毕之日后____日内。

3. 你方与发包人协议变更工程款支付日期的，经我方书面同意后，保证期间按照变更后的支付日期做相应调整。

三、承担保证责任的形式

我方承担保证责任的形式是代为支付。发包人未按主合同约定向你方支付工程款的，由我方在保证金额内代为支付。

四、代偿的安排

1. 你方要求我方承担保证责任的，应向我方发出书面索赔通知及发包人未支付主合同约定工程款的证明材料。索赔通知应写明要求索赔的金额，支付款项应到达的账号。

2. 在出现你方与发包人因工程质量发生争议，发包人拒绝向你方支付工程款的情形时，你方要求我方履行保证责任代为支付的，需提供符合相应条件要求的工程质量检测机构出具的质量说明材料。

3. 我方收到你方的书面索赔通知及相应的证明材料后 7 天内无条件支付。

五、保证责任的解除

1. 在本保函承诺的保证期间内，你方未书面向我方主张保证责任的，自保证期间届满次日起，我方保证责任解除。

2. 发包人按主合同约定履行了工程款的全部支付义务的，自本保函承诺的保证期间届满次日起，我方保证责任解除。

3. 我方按照本保函向你方履行保证责任所支付金额达到本保函保证金额时，自我方向你方支付（支付款项从我方账户划出）之日起，保证责任即解除。

4. 按照法律法规的规定或出现应解除我方保证责任的其他情形的，我方在本保函项下的保证责任亦解除。

5. 我方解除保证责任后，你方应自我方保证责任解除之日起__个工作日内，将本保函原件返还我方。

六、免责条款

1. 因你方违约致使发包人不能履行义务的，我方不承担保证责任。

2. 依照法律法规的规定或你方与发包人的另行约定，免除发包人部分或全部义务的，我方亦免除其相应的保证责任。

3. 你方与发包人协议变更主合同的，如加重发包人责任致使我方保证责任加重的，需征得我方书面同意，否则我方不再承担因此而加重部分的保证责任，但主合同第 10 条〔变更〕约定的变更不受本款限制。

4. 因不可抗力造成发包人不能履行义务的，我方不承担保证责任。

七、争议解决

因本保函或本保函相关事项发生的纠纷，可由双方协商解决，协商不成的，按下列第__种方式解决：

（1）向_____仲裁委员会申请仲裁。

（2）向_____人民法院起诉。

八、保函的生效

本保函自我方法定代表人（或其授权代理人）签字并加盖公章之日起生效。

担　保　人：_____（盖章）

法定代表人或其委托代理人：_____（签字）

地　　址：_____

邮政编码：_____

传　　真：_____

　　　　_____年_____月_____日

附件 11：暂估价一览表

11-1：材料暂估价表

序号	名称	单位	数量	单价/元	合价/元	备注

（续）

序号	名称	单位	数量	单价/元	合价/元	备注

11-2：工程设备暂估价表

序号	名称	单位	数量	单价/元	合价/元	备注

（续）

序号	名称	单位	数量	单价/元	合价/元	备注

11-3：专业工程暂估价表

序号	专业工程名称	工程内容	金额/元
小计：			

2.2 具体工程实际情境及工程索赔案例

2.2.1 具体工程实际情境（由任课教师单独给定）

如签订建设工程施工合同"××学院学生公寓楼情况介绍"。本工程为××学院学生公寓楼工程，建设单位为××学院；设计单位为××建筑规划设计院，甲级资质，施工单位为××建筑工程有限公司，一级资质。监理单位为××建设工程监理有限公司，乙级资质。该工程施工项目经理为黄××。该工程占地面积为 $740.52m^2$，建筑面积为 $4250.80m^2$，六层框架结构，建筑高 22.20m，施工合同价 3500 万元。工程施工合同承包范围为基础、主体、屋面、装饰装修、水电安装及消防和智能弱电系统的施工图上的所有内容，具体详见施工图，工程合同工期为 240 日历天，质量要求为合格。其他均以甲乙双方签订的建设工程施工合同为准。

如签订建设工程施工合同"××学院综合楼项目施工总承包招标文件"和"××学院综合楼项目施工总承包投标文件"（略）等。

2.2.2 工程索赔案例（也可以由任课教师单独给定）

案例1：背景资料

甲公司投资建设一幢地下一层、地上五层的框架结构商场工程，乙施工企业中标后，双方采用《建设工程施工合同（示范文本）》签订了合同。合同采用固定总价承包方式。合同工期为 405 天，并约定提前或逾期竣工的奖罚标准为 5 万元/天。

合同履行中出现了以下事件：

事件一：乙方施工至首层框架柱钢筋绑扎时，甲方书面通知将首层及以上各层由原设计层高 4.30m 变更为 4.80m，当日乙方停工，25 天后甲方才提供正式变更图纸，工程恢复施工，复工当日乙方立即提出停工损失 150 万元和顺延工期 25 天的书面报告及相关索赔资料，但甲方收到后始终未予答复。

事件二：在工程装修阶段，乙方收到了经甲方确认的设计变更文件，调整了部分装修材料的品种和档次。乙方在施工完毕三个月后的结算中申请了该项设计变更增加费 80 万元，但遭到甲方的拒绝。

事件三：从甲方下达开工令起至竣工验收合格止，本工程历时 425 天。甲方以乙方逾期竣工为由从应付款中扣减了违约金 100 万元，乙方认为逾期竣工的责任在甲方。

请针对上述事件完成以下内容，并编制索赔意向书和具体索赔报告。

1. 事件一中，乙方的索赔是否生效？结合合同变更条款说明理由。
2. 事件二中，乙方申报设计变更增加费是否符合约定？结合合同变更条款说明理由。
3. 事件三中，乙方是否逾期竣工？说明理由并计算奖罚金额。

案例2：背景资料

某广场地下车库工程，建筑面积 $18000m^2$。建设单位和某施工单位根据《建设工程施工合同（示范文本）》签订了施工承包合同，合同工期 140 天。

工程实施过程中发生了下列事件：在施工过程中，该工程所在地连续下了6天特大暴雨（超过了当地近十年来同期最大降雨量），洪水泛滥，给建设单位和施工单位造成了较大的经济损失，施工单位认为这些损失是由于特大暴雨（不可抗力事件）所造成的，提出下列索赔要求：

（1）工程清理、恢复费用18万元。
（2）施工机械设备重新购置和修理费用29万元。
（3）人员伤亡善后费用62万元。
（4）工期顺延6天。

请根据现状及事件，分别指出施工单位的索赔要求是否成立，并说明理由。（注：可以根据示范文本约定、相关司法解释进行具体阐述。）

案例3：背景资料

某开发商投资新建一住宅小区工程，包括住宅楼五幢，会所一幢，以及小区市政管网和道路设施，总建筑面积24000m^2。经公开招标投标，某施工总承包单位中标，双方依据《建设工程施工合同（示范文本）》签订了施工总承包合同。

施工总承包合同中约定的部分条款如下：

（1）合同造价3600万元，除设计变更、钢筋与水泥价格变动，总承包全部范围外的工作内容据实调整外，其他费用均不调整。

（2）合同工期306天，从2021年3月1日起至2021年12月31日止，工期奖罚标准为2万元/天。

在合同履行过程中，发生了下列事件：

事件一：因钢筋价格上涨较多，建设单位与施工总承包单位签订了《关于钢筋价格调整的补充协议》，协议价款为60万元。

事件二：施工总承包单位进场后，建设单位将水电安装及住宅楼塑料窗制定分包给A专业公司，并指定采用某品牌塑料窗。A专业公司为保证工期，又将塑料窗分包给B公司施工。

事件三：2021年3月22日，施工总承包单位在基础底板施工期间，因连续降雨发生了排水费用6万元，2021年4月5日，某批次国产钢筋常规检测合格，建设单位以验证工程质量为由，要求施工总承包单位还需对该批次钢筋进行化学成分分析，施工总承包单位委托具备资质的检测单位进行了检测，化学成分检测费用8万元，检测结果合格。针对上述问题，施工总承包单位按索赔程序和时限要求，分别提出6万元排水费用、8万元检测费用的索赔。

事件四：工程竣工验收后，施工总承包单位于2021年12月28日向建设单位提交了竣工验收报告，建设单位于2022年1月5日确认验收通过，并开始办理工程结算。

请结合建设工程合同的约定、工程索赔的理论要点及相关司法解释，对以上发生的事件进行探讨分析，写出具体的索赔报告（要有具体的索赔事实、依据及具体的计算和分析）。

案例4：背景资料

某施工单位（乙方）与某建设单位（甲方）签订了建造无线电发射试验基地施工合同。

合同工期为 38 天。由于该项目急于投入使用，在合同中规定，工期每提前（或拖后）1 天奖（罚）人民币 5000 元。乙方按时提交了施工方案和施工网络进度计划（下图），并得到甲方代表的同意。

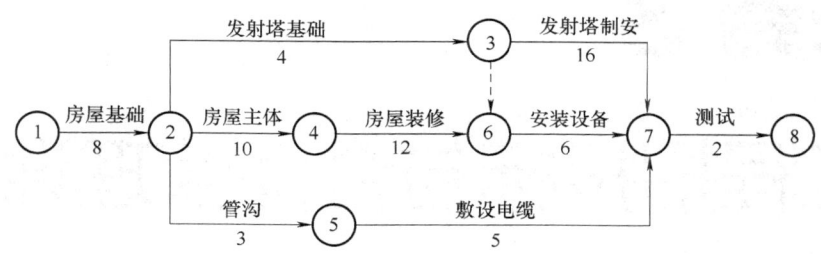

发射塔试验基地工程施工网络进度计划（单位：天）

实际施工过程中发生了如下几项事件：

事件一：在房屋基槽开挖后，发现局部有软弱下卧层。甲方代表指示乙方配合地质复查配合用工为 10 个工日。地质复查后，根据经甲方代表批准的地基处理方案，增加工程费用 4 万元，因地基复查和处理使房屋基础施工延长 3 天，人工窝工 15 个工日。

事件二：在发射塔基础施工时，因发射塔坐落位置的设计尺寸不当，甲方代表要求修改设计，拆除已施工的基础，重新定位施工。由此造成工程费用增加 15 万元，发射塔基础施工延长 2 天。

事件三：在房屋主体施工中，因施工机械故障，造成窝工 8 个工日，房屋主体施工延长 2 天。

事件四：在敷设电缆时，因乙方购买的电缆质量不合格，甲方代表令乙方重新购买合格电缆。由此造成敷设电缆施工延长 4 天，材料损失费 1.2 万元。

事件五：鉴于该工程工期较紧，乙方在房屋装修过程中采取了加快施工的技术措施，使房屋装修施工缩短 3 天，该项技术措施费为 0.9 万元。其余各项工作持续时间和费用均与原计划相符。

【问题】

1. 在上述事件中，乙方可以就哪些事件向甲方提出工期补偿和（或）费用补偿要求？为什么？

2. 该工程的实际工期为多少天？可得到的工期补偿为多少天？

3. 假设工程所在地人工费标准为 30 元/工日，应由甲方给予补偿的窝工人工费补偿标准为 18 元/工日，间接费、利润等均不予补偿。则在该工程中，乙方可得到的合理的费用补偿有哪几项？费用补偿额为多少元？

任务 3 工程招投标与合同管理课程实训编制格式

3.1 封面格式

采用 A4 纸，装订在左侧，具体封面样板见后附。

3.2 目录及排版

每组装订成一本。页边距要求：上、下为 3.8cm，左、右为 3.2cm，具体目录样板、排版要求见后附。

3.3 成绩评定表

每人一表，详见后附。

3.4 其他参考用表

索赔意向书及索赔报告详见后附。
个人完成任务部分参考首页格式见后附。
小组分工表详见后附。

××技术学院

工程造价学院课程实训成果

工程招投标与合同管理实训

专　　业：＿＿＿＿＿＿＿＿＿＿＿＿＿＿
班　　级：＿＿＿＿＿＿＿＿＿＿＿＿＿＿
组　　别：＿＿＿＿＿＿＿＿＿＿＿＿＿＿
组　　长：＿＿＿＿＿＿＿＿＿＿＿＿＿＿
成　　员：＿＿＿＿＿＿＿＿＿＿＿＿＿＿
　　　　　＿＿＿＿＿＿＿＿＿＿＿＿＿＿
指导教师：＿＿＿＿＿＿＿＿＿＿＿＿＿＿

二〇××年×月

目　　录 〔标题：黑体3号字加粗居中，1.25倍行距〕

第1部分　×××工程施工合同

1.1　建设工程施工合同协议书　〔章标题：宋体小4号字加粗，1.25倍行距〕

1.2　通用合同条款

1.3　专用合同条款　〔节标题：宋体小4号字，1.25倍行距〕

1.4　合同附件

1.5　其他附件

第2部分　各自独立完成的内容

××（首页）

2.1　《建设工程施工合同（示范文本）》解读归纳总结

2.2　工程索赔

2.3　成绩评定

××（首页）

……

备注：1. 如果成果太厚导致装订困难，可以在装订时把通用条款省略。
　　　2. 其他附件包括小组分工、讨论与活动记录（会议纪要）等。

任务3　工程招投标与合同管理课程实训编制格式

《工程招投标与合同管理课程实训》成绩评定表

学号：_____　　姓名：_____

考核项目	主要考核内容	相应分数分布	组长打分	教师打分	权重系数	合计
过程考核	平时表现（考勤/态度/积极性等）	50			0.4	
	阶段性成果质量及完成的及时性	50				
成果考核	编制与订立建设工程施工合同	40			0.6	
	《建设工程施工合同（示范文本）》条款解读及归纳（规定内容）	20				
	建设工程合同中工程索赔案例分析，撰写索赔意向书及索赔报告	20				
	《建设工程施工合同（示范文本）》条款解读自行选择部分	10				
	排版	10				

注：如果有选做内容，可以酌情根据成果质量予以加分。

指导教师签名：

批改日期：　　　年　　月　　日

费用索赔报审表

工程名称：＿＿＿＿＿＿＿＿＿＿＿＿＿＿＿＿＿＿＿＿　　　　　　编号：＿＿＿＿＿＿＿

致：＿＿＿＿＿＿＿＿＿＿＿＿＿＿＿（项目监理机构）
根据施工合同＿＿＿＿＿＿＿＿条款，由于＿＿＿＿＿＿＿＿＿＿＿＿＿＿的原因，我方申请索赔金额（大写）＿＿＿＿＿＿＿＿＿＿＿＿＿＿＿＿＿＿＿＿＿＿＿＿＿＿元，请予批准。
索赔理由：＿＿＿＿＿＿＿＿＿＿＿＿＿＿＿＿＿＿＿＿＿＿＿＿＿＿＿＿＿＿＿＿＿＿＿＿
＿＿
＿＿。

附件：□索赔金额的计算
　　　□证明材料

　　　　　　　　　　　　　　　　　　　　　施工单位（盖章）＿＿＿＿＿＿＿＿＿＿
　　　　　　　　　　　　　　　　　　　　　项目经理（签字）＿＿＿＿＿＿＿＿＿＿
　　　　　　　　　　　　　　　　　　　　　　　　　　　　　　　　年　月　日

审核意见：
□不同意此项索赔
□同意此项索赔，索赔金额为（大写）＿＿＿＿＿＿＿＿＿＿＿＿＿＿元。
同意/不同意索赔的理由：＿＿＿＿＿＿＿＿＿＿＿＿＿＿＿＿＿＿＿＿＿＿＿＿＿＿＿
＿＿
＿＿。

附件：□索赔金额的计算

　　　　　　　　　　　　　　　　　　　项目监理机构（盖章）＿＿＿＿＿＿＿＿＿＿
　　　　　　　　　　　　　　　　　　　总监理工程师（签字、加盖执业印章）＿＿＿＿
　　　　　　　　　　　　　　　　　　　　　　　　　　　　　　　　年　月　日

审批意见：

　　　　　　　　　　　　　　　　　　　　建设单位（盖章）＿＿＿＿＿＿＿＿＿＿
　　　　　　　　　　　　　　　　　　　　建设单位代表（签字）＿＿＿＿＿＿＿＿＿
　　　　　　　　　　　　　　　　　　　　　　　　　　　　　　　年　月　日

注：本表一式三份，项目监理机构、建设单位、施工单位各一份。

工程临时/最终延期报审表

工程名称：_____ 编号：_____

致：_____（项目监理机构）
　　根据施工合同_____（条款），由于_____的原因，我方申请工程临时/最终延期_____（日历天），请予批准。

附件：
1. 工程延期依据及工期计算
2. 证明材料

施工单位（盖章）_____
项目经理（签字）_____
　　　　　　　　　年　月　日

审核意见：
　　□同意临时/最终延长工期_____（日历天）。工程竣工日期从施工合同约定的_____年____月____日延迟到_____年____月____日。
　　□不同意延长工期，请按约定竣工日期组织施工。

项目监理机构（盖章）_____
总监理工程师（签字、加盖执业印章）_____
　　　　　　　　　年　月　日

审批意见：

建设单位（盖章）_____
建设单位代表（签字）_____
　　　　　　　　　年　月　日

注：本表一式三份，项目监理机构、建设单位、施工单位各一份。

索赔意向通知书

工程名称：_____   编号：_____

致：_____

根据《建设工程施工合同》_____（条款）的约定，由于发生了_____事件，且该事件的发生非我方原因所致。为此，我方向_____（单位）提出索赔要求。

附件：索赔事件资料

提出单位（盖章）_____

负责人（签字）_____

年　月　日

对《建设工程施工合同（示范文本）》解读归纳总结部分的说明：

必须完成内容：

☑ 承包单位可向建设单位索赔的具体条款、索赔内容组成

☑ 建设单位可向承包单位索赔的具体条款、索赔内容组成

☑ 承包单位可单方面解除合同的具体条件

选做内容：

☐ 建设单位可单方面解除合同的具体条件

☐ 承包单位可顺延工期的具体条件

☐ 索赔时限条款总结

☐ 签证时限条款总结

工程索赔案例

（1）案例（　）

（2）案例（　）

（3）案例（　）

工程索赔事件

（1）案例（　）事件（　）

（2）案例（　）事件（　）

（3）案例（　）事件（　）

成绩评定表

学习小组名单及任务分配

_____班级_____小组_____组长_____电话_____邮箱_____

学号	组员姓名	分配任务	自评分